G. Denzler — E. Beck — J. Blank
H. Lang — F. J. Kuhnle

zum Thema

Wille Gottes

Georg Denzler
Eleonore Beck
Josef Blank
Heide Lang
Franz Josef Kuhnle

zum Thema Wille Gottes

KBW Verlag Stuttgart

ISBN 3-460-09101-0

Lektorat: Wolfgang Wessinger
Gesamtherstellung: Pilger-Druckerei GmbH, 672 Speyer

Vorwort

»Gott will ... wie ein Damoklesschwert hängen diese Worte über dem Leben der Menschen. Gewiß, der Mensch ist frei. Er hat Möglichkeiten. Er kann fliehen, er kann alles mißachten, negieren, was mit dem Etikett ‚Wille Gottes' firmiert ist, er kann sich zum trotzigen Dagegen entscheiden: Was für mich gut ist, weiß ich selbst am besten! Aber den meisten dieser Flüchtlinge gelingt es auch heute noch nicht, dem Willen Gottes zu entkommen.« Dieses Zitat aus dem Beitrag von Eleonore Beck läßt die Problematik aufleuchten, in der die Rede vom Willen Gottes steht: Gottes Wille — ein Damoklesschwert; Menschen fliehen, wollen frei sein. Für sehr viele hat Gott, sein Wille etwas Gefährliches, Bedrohendes an sich. Assoziationen stellen sich ein, die mit Gehorsam, Unfreiheit, Unterdrückung zu tun haben.

In dieser Situation ist es nicht damit getan, zu behaupten: »Gott will das alles nicht, er will das Gute für den Menschen.« Damit ist nicht gegen das Geflecht von negativ bestimmten Gefühlen und Erfahrungen anzukommen. Damit wird nicht der vielfältige Mißbrauch der Autorität Gottes aufgearbeitet. Damit ist vielleicht auch zu wenig darauf aufmerksam gemacht, wieviel Vorsicht geboten ist, will man verantwortet über das, was Gott will, sprechen.

Die verflochtene Problematik um den Willen Gottes darf nicht verdrängt werden. Wir müssen einfach nüchtern zur Kenntnis nehmen, daß ein Historiker keine großen Schwierigkeiten hat, an mannigfaltigen Beispielen aufzu-

zeigen, wieviel Menschliches, bzw. Allzumenschliches und Unmenschliches im Lauf der Geschichte von der Kirche gedeckt und oft sogar unter Zuhilfenahme Gottes angestoßen oder verteidigt wurde. Wenn es auch weh tut, das muß eingestanden werden. Erst dann ist der Weg frei für einen »Willen Gottes«, wie er im Alten und Neuen Testament bezeugt wird. Erst dann können Dimensionen zum Tragen kommen, die dem Menschen gerecht werden, weil sie Gott gerecht werden. Unter diesem Aspekt ist der psychologische Beitrag zu sehen. Kritik an einem unkritischen Gehorsam bzw. der Erziehung dahin unterstreicht die Notwendigkeit, Denken und Praxis zu ändern, die den Menschen zu einem unfreien Wesen machen.
In diesem Buch finden sich keine fertigen Antworten. Damit wäre die Mündigkeit des Lesers nicht ernst genommen. Vielleicht aber wird hiermit ein Beitrag geleistet, daß das Damoklesschwert verschwindet und der Mensch in Freiheit zu dem kommt, was Gott will.
Die einzelnen Arbeiten dieses Bandes geben nicht unbedingt die Meinung des Verlags wieder; aber gerade dies wäre nicht Sinn eines Buches, das eine Diskussion anstrebt.
Der Verlag dankt allen Autoren für ihre Beiträge.

Stuttgart, den 11. April 1973 Der Verlag

Inhalt

GEORG DENZLER

Im Namen Gottes ...

Belastendes Material aus der Kirchengeschichte

Der evangelische Theologe Joachim Kahl (geb. 1941) wandte bereits ein Jahr nach seiner Ordination der evangelischen Kirche den Rücken und verfaßte ein Buch mit dem Titel »Das Elend des Christentums oder Plädoyer für eine Humanität ohne Gott«. In diesem Pamphlet — der Autor selbst nennt es so! — zieht Kahl folgende Bilanz: »Rein empirisch stellen wir fest, daß Christen — unter Berufung auf Gott, Jesus Christus, die Bibel — die verschiedensten, ja sich ausschließenden Handlungen begründet und begangen haben. Was Anhänger Jesu in früheren Zeiten als heiligsten Willen Gottes verherrlichten, können heutige Christen als teuflische Verblendung verdammen. Im Namen des biblischen Gottes kann man Scheiterhaufen preisen oder verwerfen, Juden verfluchen oder segnen, Heiden zwangstaufen oder ihnen Gewissensfreiheit gewähren, Kreuzzüge verklären oder verabscheuen.«[1]

Wem der Verfasser unglaubwürdig erscheint (in vielen Punkten seines Büchleins ist er es tatsächlich!), möge zum Vergleich lesen, was der — hoffentlich glaubwürdige — katholische Theologieprofessor Georg Schwaiger konstatiert: »Gerade der katholische Kirchenhistoriker, der seine Kirche und ihr Papsttum liebt, kann und darf die schier unübersehbare Schar jener Schwestern und Brüder Christi nicht übersehen, die seit der Realisierung des (in der Theorie weit älteren) Machtdenkens am Sitz des Papsttums Opfer dieses Systems geworden sind: die zahllosen an Leib und Seele Geschundenen, Gefolterten

und Verbrannten; die Tausende und Abertausende, die in kirchlichen, besonders in Klosterkerkern — weitgehend rechtlos — Jahre und Jahrzehnte dahindämmern mußten; die als Kinder der Kirche Übergebenen und im Namen eines erbarmungslosen Kirchenrechts oft ein Leben lang Vergewaltigten; nicht zu reden von der Verweigerung der Gewissensfreiheit bis in die neueste Zeit; nicht zu reden von den Methoden der Inquisition und des Heiligen Offiziums bis in die letzten Jahre. Noch das 19. Jahrhundert hat in Ordensprozessen die Folter gekannt und angewandt, noch das 20. Jahrhundert Ordenskerker bevölkert gesehen.«[2]
Die Geschichte der Kirche — richtiger gesagt: der Kirchen — zeigt deutlich genug, daß kirchliche Autoritäten bis hinauf zum Papst die Namen Gott und Jesus Christus oft dadurch mißbrauchten, daß sie entweder unnötige oder unsinnige oder auch ungerechte Forderungen als den heiligen Willen Gottes ausgaben. Gewiß, dies geschah nicht immer mit böser Absicht, aber es geschah, und — was am erregendsten ist — es geschah nicht selten in der Überzeugung, Gott dadurch einen wohlgefälligen Dienst zu erweisen.
Es ist daher keineswegs verwunderlich, wenn Joh. W. von Goethe in der Kirchengeschichte »nur Mischmasch und Gewalt« zu erkennen vermochte. Das *»nur«* allerdings ist höchst einseitig und somit falsch. Statt »nur« muß es heißen *»auch«*; denn das entspricht der geschichtlichen Wirklichkeit. Freiheit *und* Gewalt finden sich im Erscheinungsbild der Kirche.

Die Bibel des Neuen Testaments

Unter den Bibelwissenschaftlern besteht heute Einigkeit darüber, daß die vier Evangelien ebenso wie die übrigen Schriften des Neuen Testaments auch nicht die geringste Berechtigung oder Ermächtigung zu irgendwelcher Gewaltanwendung geben.[3] Hätten nicht auch die Exegeten und Interpreten früherer Zeit dieselbe Feststellung machen müssen? Ein Hauptgrund für bedauerliche Mißverständnisse in dieser Hinsicht liegt wohl darin, daß man den Willen Gottes immer wieder nach menschlichem Wollen formulierte. Ein gewissenhaftes Hinhören auf die Botschaft Jesu von seinem himmlischen Vater aber hätte jede Form von Gewalt und Zwang als Verstoß gegen den Willen Gottes und als Verrat am Geist Christi erkennen lassen müssen. Dann wäre es nicht möglich gewesen, ungezählte Gewaltaktionen und Strafmaßnahmen als Erfüllung des heiligen Willens Gottes zu deklarieren und zu realisieren.

Das Zweite Vatikanische Konzil

Die von den Teilnehmern des Vaticanum II (1962—1965) heftig diskutierte Erklärung über die Religionsfreiheit enthält die fundamentale Aussage, »daß der Mensch freiwillig durch seinen Glauben Gott antworten soll, daß dementsprechend niemand gegen seinen Willen zur Annahme des Glaubens gezwungen werden darf. Denn der Glaubensakt ist seiner Natur nach ein freier Akt«[4]. Die Konzilsväter gestanden aber offen, daß »bisweilen im Leben des Volkes Gottes auf seiner Pilgerfahrt — im Wechsel der menschlichen Geschichte — eine Weise des Handelns vorgekommen (ist), die dem Geist des Evangeliums wenig entsprechend, ja sogar entgegengesetzt war«. Leider folgt diesem mutigen Schuldbekenntnis sogleich eine Ent-schuldigung auf dem Fuß: »Die Lehre der Kirche, daß niemand zum Glauben gezwungen werden darf, hat dennoch die Zeiten überdauert.«[5] Demgegenüber ist zu sagen, daß die vom Evangelium geforderte innere und äußere Freiheit von der Kirche oft nur leise verkündet und zeitweise ganz totgeschwiegen wurde. Als unwiderlegliche Zeugen stehen zahlreiche »Häretiker« vor uns, die den gewaltsamen Arm kirchlicher Obrigkeit bis zum blutigen Ende erfahren mußten. Und doch waren gerade diese sogenannten Irrlehrer — von Ausnahmen abgesehen — tiefreligiöse, um die Erkenntnis der Wahrheit ringende Menschen, die für ihre Glaubensüberzeugung litten und eben dadurch bewiesen, daß sie ihr religiöses Gewissen höher achteten als den Machtanspruch einer kirchlichen oder weltlichen Autorität.

Theologen als Theoretiker der Gewalt

Bischof Augustinus von Hippo († 430), dessen theologische Schriften in vielen Fragen auf Jahrhunderte — sogar bis in die Gegenwart — richtungweisend wirkten, lehnte Andersgläubigen gegenüber zunächst jede Gewaltanwendung ab. Erst in den harten Auseinandersetzungen mit Donatisten interpretierte er den Befehl »Zwing sie herein« (Lk 14,23), den der Veranstalter eines biblischen Gastmahls ausgab, und das Gleichnis vom Unkraut unter dem Weizen (Mt 13,24—30) in dem Sinn, daß Ketzer zum Bekenntnis des orthodoxen, das heißt des katholischen Glaubens gezwungen werden dürften. Um dieses Ziel zu erreichen, trug Augustinus keine Bedenken, die Staatsgewalt zu Hilfe zu rufen. Auch Landesverweisung und Güterkonfiskation erachtete er als angemessene Strafen. Zu seiner Rechtfertigung schrieb er einmal: Obwohl die Besten durch die Liebe gezogen werden, müssen doch die meisten leider durch die Furcht gezwungen werden. Allerdings mißbilligte er Quälereien durch Folter, Feuer und Eisenkrallen sowie die Todesstrafe.[6]
Thomas von Aquin († 1274), einer der hervorragendsten Theologen im Hochmittelalter, stimmte mit Augustinus darin überein, daß in einer geschlossenen christlichen Gesellschaft offenkundiger Abfall vom christlichen Glauben als schwerwiegendes Verbrechen geahndet werden müsse. Glaubenszwang für Juden und Heiden lehnte er ab, die Tötung eines Häretikers dagegen betrachtete er als eine gerechte, Gott wohlgefällige Sache.[7]

Noch im 17. Jahrhundert dozierte der Jesuit Bellarmin († 1621), daß Ketzer getötet werden dürften. Die Kirche wisse aus Erfahrung, daß nach Exkommunikation, Geldstrafe und Exil das Todesurteil als letztes Heilmittel verbleibe.[8]

Äußerungen des Lehramts

Unter den Dokumenten des kirchlichen Lehramtes begegnen wir nur wenigen Aussagen über Gewaltanwendung und Freiheitsbeschränkung. Doch dieser Befund täuscht. Man sollte nämlich nicht allein unter Stichworten wie »Gewalt« und »Zwang«, sondern beispielsweise auch unter »Ordnung« und »Gehorsam« nachschlagen. Der Jesus zugeschriebene Ausspruch: »Wer euch hört, hört mich, und wer euch zurückweist, weist mich zurück: wer aber mich zurückweist, weist den zurück, der mich gesandt hat« (Lk 10,16), diente kirchlichen Obrigkeiten schnell dazu, ihre Verordnungen mit dem Etikett »gottgewollt« — in der Sprache der Theologen »iure divino« — zu versehen. Die Versuchung zur Identifizierung mit Gott bestand nicht nur für Päpste, die sich als »Stellvertreter Gottes« bezeichneten. Der von Papst Gregor I. († 604) gewählte Titel »servus servorum Dei«, den auch spätere Päpste gebrauchten, hätte eigentlich jeden Versuch zum Gewaltherrscher als teuflische Versuchung aufdecken müssen. Doch was dann, wenn dieser Dienst entsprechend dem theologischen Slogan »Christus dienen heißt herrschen« zur Herrschaft umgedeutet wurde? Auf diese Weise konnte die kirchliche Hierarchie einen enormen Einfluß auf den Gewissensbereich der Gläubigen ausüben.

Bonifaz VIII. († 1303) forderte von jedem Menschen — also nicht nur von jedem Christen! — als absolut notwendige Voraussetzung für das ewige Heil unbedingten Gehorsam gegenüber dem Papst.[9] Zu welchem Extrem diese Maxime auf der Gegenseite führen konnte, zeigt sich besonders deutlich an Ignatius von Loyola († 1556), dem Gründer des Jesuitenordens. Der gebürtige Spanier, ein streng militärischer Typ, schätzte die Tugend des Gehorsams über alles und verlangte von allen Mitgliedern der »Gesellschaft Jesu« außer dem herkömmlichen Versprechen einen speziellen Gehorsamseid gegenüber dem Papst. In den Konstitutionen des Ordens heißt es, jeder Jesuit müsse sich von der Vorsehung Gottes durch seine Oberen in allem so regieren lassen, als ob er ein Cadaver wäre.[10] Diesen absoluten Gehorsam hielt Ignatius für erlaubt und geboten, weil er den Vorgesetzten als das unmittelbare Sprachrohr Gottes respektierte. Der Untergebene gehorchte also nicht primär einem Menschen, sondern in dem »vorgesetzten« Menschen Gott selbst.

Bestimmungen des kirchlichen Rechtsbuches

Charakteristisch für ein Jahrhunderte lang praktiziertes Gehorsamsverständnis sind die Kanones 127 und 128 des seit 1918 geltenden Codex Iuris Canonici. Demnach ist jeder Kleriker, allen voran der Priester, in besonderer Weise verpflichtet, seinem zuständigen Bischof »Ehrfurcht und Gehorsam zu erweisen«. Die Betonung einer besonderen Verpflichtung soll zum Ausdruck bringen, daß zwar jeder Christ der zuständigen Obrigkeit Gehorsam schuldet, der Geistliche aber eine weiterreichende Gehorsamspflicht hat. Der Münchener Kirchenrechtler Klaus Mörsdorf erklärt in dem von seinem Lehrer Eduard Eichmann begründeten und von ihm erweiterten Lehrbuch des Kirchenrechts: Die Gehorsamspflicht des Geistlichen »ergibt sich aus der Notwendigkeit, daß in der hierarchischen Führung der Kirche Ordnung herrschen muß. Der Übergeordnete hat Befehlsmacht über die ihm Untergebenen, und diese müssen den gegebenen Befehlen Folge leisten. Dadurch und insbesondere durch die unmittelbare Befehlsmacht des Papstes wird die Einheitlichkeit der Führung gewährleistet«.[11] Kein Zweifel, diese Erklärung klingt äußerst militärisch-disziplinär, aber wenig theologisch und schon gar nicht religiös. Man vermißt jeden Hinweis auf den Willen Gottes, der sich eventuell in bestimmten Weisungen der kirchlichen Obrigkeit manifestiert. Im Vordergrund steht vielmehr das Bild von der »acies ordinata«, der geordneten Schlachtreihe, die dann am reibungslosesten funktioniert, wenn alles auf Kommando geht, wenn nicht mehrere, sondern am besten nur einer, eben der in der Hierarchie an der Spitze stehende Amtsträger Befehle und Gesetze erläßt. Bei einem solchen Gehorsamsbegriff ist es selbstverständlich, daß Gehorsamsverweigerung mit Zwang beantwortet wird, sei es als Strafgebot oder als Strafverfügung. Die Liste reicht von harmloser Verwarnung bis zum Kirchenausschluß.[12]

Kriege im Zeichen des Kreuzes

Alle Geschichtsbücher enthalten ein Kapitel zum Thema »Kreuzzüge«. Bei dem Wort »Kreuzzug« handelt es sich um eine moderne Bezeichnung; früher sagte man dafür: Weg nach Jerusalem, Reise, Pilgerfahrt. Da aber das Element des Krieges nicht ausgeschlossen blieb, zu Zeiten sogar im Vordergrund stand, können diese Kreuzzüge zutreffend Kriegszüge im Zeichen des Kreuzes genannt werden. Ungezählte Christen zogen als »Soldaten Christi« (militia Christi oder auch militia S. Petri) in den Kampf und huldigten der Devise: »Wir sind Gottes Mannen, zu Treue und Gefolgschaft verpflichtet; Gott ist unser Herr, seinem Befehl müssen wir gehorchen, seine Sache zu unserer eigenen machen.«[13] Vielen Zügen wehte die Fahne des hl. Erzengels Michael voran, denn die zu Strapazen und Kämpfen entschlossenen Christen erhofften von Engeln und Heiligen sicheren Schutz und von Gott glorreiche Siege.

Die »Kreuzzüge«, deren Vorgeschichte hier nur gestreift werden kann,[14] richteten sich von Anfang an gegen Feinde des christlichen Glaubens.
Konstantin der Große († 337) war der erste Kaiser, der in dem Gott der Christen einen Kriegsgott erblickte. Den Sieg in der Entscheidungsschlacht gegen seinen Rivalen Maxentius an der Milvischen Brücke vor Rom (312) schrieb er dem Christus zu, dessen Monogramm von den Schilden seiner Soldaten blinkte. Anstatt gegen einen solchen Mißbrauch Gottes zu protestieren, rühmten auch kirchliche Autoritäten Gott als Urheber dieses Sieges.[15]
Der christliche Kaiser Karl der Große († 814) betrachtete den Krieg als ein erlaubtes Mittel, um den Bestand seines Reiches zu sichern und, wenn es ihm ratsam erschien, die Grenzen seines Reiches zu erweitern. Als Reaktion auf die zahlreichen Angriffe der Sachsen entschloß er sich zu deren totaler Unterwerfung und zwangsweisen Christianisierung. Nach der nur für Sachsen geltenden »Capitulatio« wurde die Verweigerung der Taufe mit dem Tod bestraft.[16] Von seiten der Kirche verlautete wiederum kein Wort des Protestes gegen diese Mißachtung der freien Glaubensüberzeugung. Das Blutbad von Verden, dem mindestens fünftausend Sachsen zum Opfer fielen, bleibt eine Schande nicht allein für den energischen Frankenherrscher, sondern mehr noch für die schweigenden Bischöfe und Priester, die Karls Religionspolitik nicht bloß akzeptierten, sondern aktiv unterstützten.[17] Priester und Mönche befanden sich im Gefolge der Kriegstruppen. Lebuin, ein Mönch fränkischer Abstammung, drohte den Sachsen, die das Christentum nicht zuletzt deswegen ablehnten, weil es die Religion ihrer Unterdrücker war, mit den Worten: »Ihr heidnischen Söhne, unrecht und unwürdig ist es, dem Donar, Wotan und Daxnot blutige Opfer darzubringen... Wann werdet ihr endlich den Weg zum rechten Glauben finden?... Folgt ihr mir nicht, so sendet der Herr des Himmels und der Erde einen tapferen, klugen

und mächtigen König über euch. Wie ein Wildwasser wird er über euch hereinstürmen, alles zerschmetternd, und euere Frauen und Kinder zu Sklaven machen.«[18]
In der berühmten Schlacht auf dem Lechfeld zwischen Christen und heidnischen Magyaren trat Bischof Ulrich († 973) als Verteidiger seiner Bischofsstadt Augsburg hervor. Dem ottonisch-salischen Reichskirchensystem entsprechend zählten Blutgerichtsbarkeit und Kriegsbeteiligung zu den Aufgaben eines Bischofs.[19]
In derselben Gesinnung zog Papst Leo IX. († 1054) an der Spitze eines Heeres gegen die Normannen in Süditalien, um die Christenheit zu befreien. Wenig später kämpften die besiegten Normannen als Bundesgenossen des Papstes.
Solche und ähnliche Aktionen lassen sich freilich nicht mit dem schnell zitierten »Zeitgeist« entschuldigen. Petrus Damiani, Mönch und Ratgeber mehrerer Päpste im 11. Jahrhundert, wußte wohl um die Unvereinbarkeit von Krieg und Kreuz: »Wenn nun schon um des Glaubens willen, auf dem doch die gesamte Kirche beruht, das Schwert niemals erhoben werden darf, wie sollten dann für irdischen und vergänglichen Besitz der Kirche die gepanzerten Waffenträger wüten dürfen!«[20] Solch warnende Stimmen gingen jedoch im allgemeinen Kampfgeschrei unter.
Papst Alexander II. († 1073) gewährte den Kriegern, die sich in den Dienst der spanischen Reconquista stellten, erstmals einen Ablaß. Derselbe Summus Pontifex unterstützte im englischen Thronstreit nach dem Tod König Edwards (1066) den Herzog Wilhelm von der Normandie und übersandte ihm für den Feldzug eine geweihte Petrusfahne.
Viktor III. († 1087) folgte dem Beispiel Alexanders, als italienische Fürsten und Städte zum Kampf mit den Sarazenen in Nordafrika rüsteten.
Auf dieser Grundlage war nur noch ein kleiner Schritt zu einer Bewegung, die mehr als zwei Jahrhunderte dauerte und unter der Überschrift »Kreuzzüge« die

Kirche schwer belastet. Bereits Papst Gregor VII. († 1085) plante — vom byzantinischen Kaiser zu Hilfe gerufen — einen Kreuzzug, um die östliche Christenheit den Händen der Seldschuken zu entreißen. Urban II. († 1099), ein Franzose auf dem Stuhl Petri, verwirklichte diesen Plan. Im Zusammenhang mit der Synode von Clermont (1095) suchte er die Volksmassen zum Kreuzzug ins Heilige Land zu begeistern: »Bewaffnet euch mit dem Eifer Gottes, liebe Brüder, gürtet eure Schwerter an eure Seiten, rüstet euch und seid Söhne des Gewaltigen! Besser ist es, im Kampf zu sterben als unser Volk und die Heiligen leiden zu sehen. Wer Eifer hat für das Gesetz Gottes, schließe sich uns an. Wir wollen unseren Brüdern helfen. Ziehet aus, und der Herr wird mit euch sein. Wendet die Waffen, mit denen ihr in sträflicher Weise Bruderblut vergießt, gegen die Feinde des christlichen Namens und Glaubens.« Zu dem unerwartet großen Erfolg dieses Aufrufs trug nicht wenig bei, daß der Papst allen, »die gegen die Heiden die Waffen nehmen und sich der Last dieses Pilgerzugs unterziehen«, Nachlaß der Sündenstrafen und, falls einer unterwegs sterbe, »Vergebung seiner Sünden und die Frucht ewigen Lebens« garantierte.[21] So wurde aus dem friedlichen Pilgerzug eine bewaffnete Wallfahrt.

Zehntausende ließen sich ein Kreuz aus Tuch an die Kleidung nähen und marschierten unter dem Kampfruf »Deus lo volt« (Gott will es) in den »heiligen Krieg«. Es war nicht zu vermeiden, daß sich auch zwielichtige, charakterlose und abenteuerlustige Gestalten um die Kreuzzugsfahnen scharten. Doch die Mehrzahl derer, die das Kreuz nahmen, verstand die beschwerliche und gefahrvolle Reise ins Heilige Land als eine konkrete Form der via salutis, des Weges zum Heil, wie ihn der Wille Gottes und die Nachfolge Christi verlangten.

Auf dem weiten Weg ereigneten sich Grausamkeiten und Gewalttaten — erinnert sei nur an die Judenmassaker im Rheinland —, die dem Namen Christi zur dauernden Schmach gereichen. Graf Stephan von Blois berichtete seiner Frau Adele nach Hause: »Ihr habt sicherlich erzählen hören, daß wir nach der Einnahme der Stadt Nizäa eine große Schlacht gegen die falschen Türken geschlagen und sie mit Gottes Hilfe besiegt haben. Dann haben wir für den Herrn ganz Romanien und danach Kappadozien erobert ... Mit großer Freude sind wir nach der Stadt Antiochia geeilt, haben sie belagert und dort sehr häufig Scharmützel mit den Türken gehabt, und siebenmal haben wir mit dem zähesten Mut gegen die Einwohner von Antiochia und die unzähligen Truppen, die ihnen zu Hilfe kamen, unter Führung Christi gekämpft und in allen diesen sieben Schlachten mit Gottes Hilfe gesiegt und eine beträchtliche Anzahl Feinde getötet. Um die Wahrheit zu gestehen, sind in diesen selben Schlachten und bei den sehr häufigen Angriffen auf die Stadt viele unserer Brüder umgekommen und ihre Seelen zu den Freuden des Paradieses entführt worden.«[22]

Am schlimmsten wütete das Kreuzfahrerheer bei der Einnahme der Stadt Jerusalem (1099). Bischof Otto von Freising kommentiert in seiner »Chronik« mit bestürzender Nüchternheit: »Die Feinde, die man dort vorfand, wurden in solchen Massen abgeschlachtet, daß im Vorhof Salomos das Blut der Getöteten bis an die Knie der Pferde der unseren reichte.«[23] Dieses unmenschliche Treiben wagte er noch als »Kriegszug für Christus« zu bezeichnen.[24]

Wortgewaltige Prediger wie der Weltpriester Peter von Amiens, der sich am ersten Kreuzzug beteiligte, oder der Zisterziensermönch Bernhard von Clairvaux, der im Auftrag Papst Eugens III. († 1153) den zweiten Kreuzzug propagierte, vermochten ihre Zuhörer in derart glühende Begeisterung zu versetzen, daß viele zum Äußersten entschlossen waren. Einem Aufruf Bernhards an die Deutschen entnehmen wir die folgenden Worte: »Da nun euer Land, wie bekannt, an tapferen Männern fruchtbar und überreich ist an einer kräftigen Jugend, von deren Lob die ganze Welt voll ist, so umgürtet auch ihr euch mannhaft und ergreift die glückverheißenden Waffen im

Eifer für den Namen Christi.« Als Lohn verhieß er den Eingang in das Paradies: »Du hast jetzt, tapferer Soldat, du hast nun, Kriegsmann, Gelegenheit, ohne Gefahr zu kämpfen, mit Ehren zu siegen und mit Gewinn zu sterben.« Eine wichtige Rolle spielte wieder die Zusicherung eines Ablasses: »Nimm das Kreuzzeichen, und du wirst Verzeihung aller Sünden erlangen, die du mit reumütigem Herzen gebeichtet hast.« Als der zweite Kreuzzug hauptsächlich wegen der Uneinigkeit der Teilnehmer kläglich gescheitert war, ergab sich Bernhard in den Willen Gottes: »Gesegnet seien alle deine Gerichte Herr.«[25] Er konnte so beten, weil er überzeugt war, daß Sieg wie Niederlage vom Gott der Heerscharen zugesprochen würden.

Zur nämlichen Zeit führten sächsische Fürsten einen Kreuzzug gegen die heidnischen Wenden, den Bernhard von Clairvaux übrigens auf eine Stufe stellte mit dem Kreuzzug ins Heilige Land.

In Pommern zählte die Annahme des Christentums zu den Friedensbedingungen, die der Polenherzog Boleslaw III. dem besiegten Volk stellte. So konnte Bischof Otto von Bamberg innerhalb weniger Monate mehr als zwanzigtausend Menschen taufen. Wie nicht anders zu erwarten, hatte sich ein Großteil dieser Taufzeremonie nur gezwungenermaßen unterzogen. Infolgedessen mußte Bischof Otto eine zweite Missionsreise in dieselben Gebiete antreten.[26]

Ein weitverbreitetes Handbuch der Kirchengeschichte bezeichnet (heute noch!) die Unterwerfung und Christianisierung der heidnischen Preußen durch den Deutschorden als »eine militärisch-missionarisch-kolonisatorische Aufgabe größten Stils, durch deren glückliche Durchführung er sich weithin bekannt und hochverdient gemacht hat, ein Kreuzzug im weiteren Sinne des Wortes«[27]. In den mehrere Jahrhunderte dauernden Kämpfen fanden die Ritter des Deutschen Ordens bei den mit ihnen verbündeten Schwertbrüdern (Patres militiae Christi) Unterstützung.

Nach der Eroberung Konstantinopels durch die Mohammedaner im Jahre 1453 erlebte die Kreuzzugsidee eine Wiedergeburt. Papst Pius II. († 1461) rief die Christenheit zu einem Kreuzzug. Er war selbst zur Teilnahme entschlossen, reiste nach Ancona, wo das Kreuzfahrerheer sich sammelte, wurde aber dort vom Tod ereilt. In der Kreuzzugsbulle gelobte er feierlich, im Kampf gegen die Türken sein Leben hinzugeben für die ihm anvertrauten Schafe.[28]

Immer wieder bedrohten die Türken das christliche Abendland. 1571 kam es zwischen Mohammedanern und der aus spanischen und venezianischen Truppen bestehenden Liga im Golf von Lepanto (Korinth) zu einer erbitterten und schicksalhaften Seeschlacht. Erfreut über den glanzvollen Sieg der Liga dankte Pius V. († 1572) dem allmächtigen Gott, weil dieser mit seiner starken Rechten die Wildheit der Feinde vernichtet habe. Der Papst wertete diesen Sieg als »das größte und sicherste Zeichen der göttlichen Milde und Barmherzigkeit« gegenüber den Christen. Um in Zukunft glückliche Tage zu erleben, dürfe man keine Gelegenheit zur Unterdrückung des Feindes versäumen.[29] Aus Dankbarkeit für diesen Erfolg führte Pius V. das Fest Maria vom Sieg ein, das sein Nachfolger Gregor XIII. († 1585) zum Rosenkranzfest umgestaltete.

Papst Innozenz XI. († 1689) war der letzte Papst, der unter den christlichen Völkern Europas zu einem Kreuzzug aufrief. Es gelang in der Tat, die vor den Toren der Kaiserstadt Wien stehenden Türkenheere in die Flucht zu schlagen (1683). Mit der Vertreibung der osmanischen Truppen aus Ungarn ging die Herrschaft des Halbmondes in Europa für immer zu Ende.

Ein modernes Kirchenlied, dessen Text wir Georg Thurmair verdanken, bringt zum Ausdruck, was vom Evangelium her zum Thema Kampf und Krieg zu sagen ist: »Wir schlugen unsre Schilde an, Gott ist uns ferngeblieben, weil man für Gott nicht kämpfen kann, für Gott kann man nur lieben.«

Verfolgung und Vernichtung der Juden

Christliche Kaiser, allen voran Theodosius II. († 450) und Iustinian I. († 565),[30] schränkten die Freiheit der Juden stark ein. Papst Gregor der Große († 604) dagegen wollte die jüdischen Rechte respektiert wissen. Die Behauptung, daß er die in Spanien lebenden Juden zur Taufe gezwungen habe, widerspricht den Tatsachen. Wie dieser Papst dachten und handelten viele seiner Nachfolger auf dem päpstlichen Stuhl. Dies gilt allerdings nicht ebenso für den Episkopat in den verschiedenen Ländern und noch weniger für breite Schichten des Volkes.

Während des ersten Jahrtausends erfuhren die Juden von kirchlicher Seite nur geringfügige Nachteile. Die Situation änderte sich jedoch entscheidend im Verlauf der Kreuzzüge vom 11. bis zum 13. Jahrhundert. Schon zu Beginn des ersten Kreuzzugs geschahen abscheuliche Judenpogrome im Rheinland.

Die Meinung, daß nicht bloß die jüdischen Zeitgenossen Jesu sondern die Juden aller Zeiten am Tod Jesu schuldig und deshalb als »Christusmörder« zu verachten oder gar zu töten seien, war unter den Theologen und noch mehr im Kirchenvolk weit verbreitet. Texte der Liturgie und Aussagen in Katechese wie Predigt trugen nicht wenig dazu bei. Ferner ist zu bedenken, daß das Neue Testament antisemitische Äußerungen enthält, die — bei einseitiger Beurteilung und unzulässiger Verallgemeinerung — als Verwerfung des Judenvolkes ausgelegt werden können.

Vielfältige Differenzen zwischen christlicher und jüdischer Bevölkerung zwangen die Vorsteher der Kirche zu konkreten Maßnahmen. Das dritte Laterankonzil (1179) drohte allen Christen, die mit Juden und Sarazenen zusammenwohnen, die Exkommunikation an.[31] Und die Teilnehmer des vierten Laterankonzils (1215) verordneten, daß Juden und Sarazenen beiderlei Geschlechts in einem christlichen Land sich zu jeder Zeit in der Öffentlichkeit durch ihre Kleidung von den anderen Leuten unterscheiden müßten.[32] Bis aber dieses Dekret verwirklicht wurde, vergingen mancherorts Jahrhunderte. In Deutschland drang erst Kardinal Nikolaus von Cues († 1458) auf die Durchführung jenes Konzilsbeschlusses.[33]

Ausgerechnet die im päpstlichen Kirchenstaat lebenden Juden mußten bis zum Untergang dieses Staates im Jahre 1870 in Gettos wohnen und andere schwere Nachteile hinnehmen.

Wenn auch theologische Argumente meist in den Vordergrund gerückt wurden, in Wirklichkeit gaben persönliche und wirtschaftliche Motive oft den Ausschlag, um die verhaßten Juden zu isolieren, zu schikanieren oder zu töten. Da Juden von öffentlichen Ämtern ausgeschlossen blieben, wohl aber Geldgeschäfte betreiben durften, zogen sie sich notwendigerweise die Abneigung und den Haß der Menge zu.

Besonders bedauerlich sind die fast immer zu Unrecht erhobene Vorwürfe, Juden hätten Hostien geschändet, Ritualmorde verübt und Brunnen vergiftet. Wenn auch zu jener Zeit die Falschheit solcher Beschuldigungen nicht leicht zu durchschauen war, heute wissen wir, daß bei Unglücksfällen und Katastrophen in erster Linie Juden als »Sündenböcke« büßen mußten.

In Brüssel sollen, um nur ein Beispiel aus vielen zu bieten, im Jahre 1370 zwei Hostien gefunden worden sein, aus denen Blut tropfte. Da aber keiner der verdächtigten Juden das Verbrechen der Hostienschändung eingestand, ließ der Klerus, vom Pöbel unterstützt, alle in der Stadt lebenden Juden verhaften und foltern. Als die Juden das ihnen zur Last gelegte Sakrileg als Verleumdung zurückwiesen, wurden mehrere Hundert lebendig verbrannt und die übrigen aus der Stadt vertrieben.[34]

Das Schlimme an solchen Vorgängen ist, daß Christen überzeugt sein konnten, mit derartigen Lügen und Grausamkeiten dem leidenden Heiland einen guten Dienst zu erweisen. Wird hier nicht eine mangelhafte Unterweisung durch kirchliche Organe offenbar? Andererseits darf man nicht übersehen, daß noch so kluge Belehrungen im Geist des Evangeliums gegenüber Massenhysterie oft und oft wirkungslos blieben.

Bei diesem dunklen Kapitel im Geschichtsbuch der Kirche muß — um der Wahrheit willen — unterstrichen werden, daß viele Päpste für die Juden eintraten und fanatisierte Volksmassen zur Besinnung aufriefen. Mit Nachdruck redete Martin V. († 1431) den verantwortlichen Prälaten ins Gewissen: »Wir verbieten euch, allen hohen Weltgeistlichen und besonders den Oberen der vorgenannten Orden, ausdrücklich, solche Hetzpredigten gegen die Juden zu erlauben. Wir wollen, daß jeder Christ die Juden mit menschlicher Milde behandelt und ihnen weder an Leib noch an Gut ein Unrecht zufügt ... In vielen Fällen haben auch Christen, um besagte Juden ihres Vermögens berauben und steinigen zu können, bei Gelegenheit von Seuchen und anderen Unglücksfällen behauptet, die Juden hätten selbst Gift in den Brunnen geworfen und ihren Mazzen Menschenblut beigemischt; solche ihnen mit Unrecht vorgeworfenen Verbrechen aber gereichen (sagen sie) zum Verderben der Menschheit. Durch dergleichen wird das Volk gegen die Juden aufgeregt, so daß sie dieselben töten und auf alle Weise verfolgen.«[35] Als sich die Verhältnisse nicht besserten, verbot Papst Nikolaus V. († 1454) provozierende Predigten gegen die Juden und warnte in einer Bulle unter Androhung der Exkommunikation, Blutbeschuldigungen gegen Juden zu erheben.

Erst in unserer Zeit ließ Johannes XXIII. († 1963) verletzende Wendungen in liturgischen Texten streichen, beispielsweise das mißverständliche »perfidus« (untreu) in der alten Karfreitagsfürbitte »Oremus pro perfidis Judaeis«. Derselbe Papst überraschte eine jüdische Reisegesellschaft bei ihrer Audienz im Vatikan mit dem Gruß aus der Geschichte des Josef in Ägypten: »Ich bin Josef, euer Bruder.« Nach Jahrhunderten des Mißtrauens und der Verfolgung mehren sich heute die Zeichen echter Brüderlichkeit.

Wenn wir zu unserer Beschämung eingestehen, was im Namen der Kirche und des christlichen Glaubens am jüdischen Volk gesündigt wurde, dann sollen aber auch die Rettungsaktionen nicht unerwähnt bleiben, die Pius XII. († 1958) und der damalige Apostolische Delegat in der Türkei, Angelo Roncalli (der spätere Papst Johannes XXIII.), wagten und durch die sie Tausenden von Juden das Leben retteten.[36]
Als das Zweite Vatikanische Konzil bei seiner dritten Tagungsperiode im Herbst 1964 das Schema über die Juden diskutierte, kam es zu dramatischen Szenen in der Konzilsaula von St. Peter. Die ein Jahr später verabschiedete Erklärung des Konzils bringt die Mitschuld der Kirche an den ungezählten Judenverfolgungen nur indirekt zum Ausdruck: »Im Bewußtsein des Erbes, das sie mit den Juden gemeinsam hat, beklagt die Kirche, die alle Verfolgungen gegen irgendwelche Menschen verwirft, nicht aus politischen Gründen, sondern auf Antrieb der religiösen Liebe des Evangeliums alle Haßausbrüche, Verfolgungen und Manifestationen des Antisemitismus, die sich zu irgendeiner Zeit und von irgend jemandem gegen die Juden gerichtet haben.«[37] Die Versammlung der weit über zweitausend Bischöfe und Ordensoberen hätte unmißverständlich aussprechen müssen: Das Konzil beklagt alles Unrecht, das diesem Volk im Namen Christi und der Kirche zugefügt worden ist.

Kampf gegen Ketzer und Hexen

Außer den für Heiden und Juden geltenden Bestimmungen traf die Kirche Maßnahmen gegen Häretiker, das heißt gegen getaufte Christen, die Hauptlehren der Kirche leugneten oder in einem anderen Sinn verstanden. Geschah diese Abwehr zunächst nur mit geistlichen Mitteln, so bedienten sich kirchliche Behörden im Laufe der Zeit auch gewaltsamer und blutiger Verfolgungsmethoden, um den christlichen Glauben unversehrt zu bewahren.

Aus der engen Verbindung zwischen Kirche und Staat im Mittelalter folgte, daß Ketzer in gleicher Weise als Feinde der Kirche und des Staates behandelt wurden. Zu den gewöhnlichen Strafen zählten Entzug des Eigentums und Verbannung. Bereits im 4. und 5. Jahrhundert hören wir von nicht wenigen Todesurteilen gegen Manichäer und Donatisten.

Das dogmatische Rüstzeug für eine Praxis der Gewalt lieferte vor allem der schon erwähnte Bischof Augustinus von Hippo. Auf ihn beriefen sich später die Inquisitionsbehörden bei ihrem rigorosen Vorgehen gegen die Ketzerbewegungen der Katharer und Waldenser in Oberitalien und Südfrankreich. Einen Höhepunkt erreichte die »Verfolgungstheologie« bei Papst Bonifaz VIII., der in der Bulle »Unam sanctam« (1302) dekretierte: »Beide Schwerter sind in der Hand der Kirche, das geistliche und das weltliche. Dieses muß für die Kirche, jenes von der Kirche gehandhabt werden; das eine von der Priesterschaft, das andere von den Königen und Kriegern, aber nach dem Willen des Priesters und solange er es duldet. Es muß aber ein Schwert über dem anderen stehen, die weltliche Autorität der geistlichen unterworfen sein.«[38]

Eine fränkische Synode verurteilte den sächsischen Mönch Gottschalk († 867/869) als Häretiker, weil er in der schwierigen Frage der Prädestination eine von der offiziellen Doktrin abweichende Meinung behauptete. Erzbischof Hinkmar von Reims ließ ihn daraufhin in Gewahrsam nehmen. Diese Haft dauerte zwei Jahrzehnte, bis zu Gottschalks Tod.

Im Jahre 1034 wurden im Bistum Mailand Anhänger des Manichäismus bei lebendigem Leib verbrannt, weil sie sich weigerten, den katholischen Glauben anzunehmen. Aber nicht alle Kirchenführer dachten und handelten in diesem Sinn. Es fehlte zu keiner Zeit an Bischöfen, die das Töten eines Irrgläubigen als schweren Verstoß gegen Gottes Gebot brandmarkten. Den eigentlichen Kurs bestimmten jedoch die Päpste in Rom.

Gregor VII. belegte unter Berufung auf seine Binde- und Lösegewalt den deutschen König Heinrich IV. († 1106), der hohe Kirchenämter eigenmächtig besetzte und allein deshalb schon dem Papst als Ketzer erschien, mit dem Kirchenbann: »Zur Ehre und zum Schutz Deiner Kirche spreche ich ab im Namen des allmächtigen Gottes, des Vaters, des Sohnes und des Heiligen Geistes, kraft Deiner Macht und Gewalt, dem König Heinrich, dem Sohn des Kaisers Heinrich, der gegen Deine Kirche mit unerhörtem Hochmut sich erhoben hat, die Herrschaft über das gesamte Reich, Deutschland und Italien, und entbinde alle Christen von dem Band des Eides, den sie ihm geleistet haben oder noch leisten werden, und verbiete jedem, ihm als einem König zu dienen.«[39]

Es dauerte nicht mehr lange, bis diese geistlichen Sanktionen in schmerzliche Gewaltmaßnahmen übergingen. Papst Urban II. († 1099) schrieb über den schon von Gregor VII. exkommunizierten, dann in Canossa rekonzilierten und bald wieder gebannten König Heinrich IV. an Graf Robert von Flandern: »Wo immer du kannst, verfolge nach Kräften Heinrich, das Haupt der Ketzer, und seine Anhänger. Fürwahr, du kannst kein wohlgefälligeres Opfer Gott darbringen, als wenn du ihn bekämpfst, der sich gegen Gott erhoben hat, der das Reich Gottes der Kirche wegzunehmen sucht ... Wir befehlen dies dir und deinen Soldaten als Mittel, um Nachlaß eurer Sünden (Strafen) und die Freundschaft des Apostolischen Stuhles zu erlangen, damit du nach diesen Arbeiten und Kämpfen mit Gottes Hilfe in das himmlische Jerusalem einziehst.«[40]

Konnte die kirchliche Autorität Häretiker nicht mit gewöhnlichen Mitteln auf den orthodoxen Weg zurückführen, dann flüchtete sie schnell zum Kreuzzug, wie ihn beispielsweise Innozenz III. († 1216), der Häresie als ein weitaus schlimmeres Übel einschätzte als Verletzung der kaiserlichen Majestät, gegen die manichäischen Katharer oder Albigenser vorschrieb. Wie kriegerisch es dabei zuging, bezeugt Abt Arnold-Amalrich von Citeaux. Der

Abt berichtete als päpstlicher Legat nach Rom, daß beim Sturm auf die Stadt Béziers innerhalb weniger Stunden mehrere Tausend Häretiker durch das Schwert umgekommen seien, und daß außerdem die ganze Stadt geplündert und niedergebrannt worden sei. Er trug keine Bedenken, dieses unmenschliche Wüten als »göttliche Rache« zu rechtfertigen.[41]

Der Auftakt zur Inquisition, zum Aufspüren und Verfolgen eines Häretikers, geschah in Spanien.[42] Erst Jahrhunderte danach erhob Gregor IX. († 1241) diese Einrichtung zu einer päpstlichen Institution. Die Inquisitoren wurden mit Vorliebe aus dem Dominikanerorden gewählt. Gregor IX., ein fähiger Jurist, gab erstmals offiziell bekannt, daß es der weltlichen Obrigkeit zustehe, einen hartnäckigen Häretiker in den Tod zu schicken.[43] Und der weltliche Herrscher, Kaiser Friedrich II. († 1250), alles andere als ein Freund der Kirche und noch weniger des Papsttums, erteilte seine Zustimmung. Im März 1224 erließ der Kaiser zur Abwehr der lombardischen Ketzer diese Konstitution: Ein verurteilter Ketzer »ist kraft unserer Autorität zum Feuertod zu verurteilen und zu verbrennen, damit er durch die sühnenden Flammen zugrunde gehe. Hat man es für besser gefunden, daß er zur Bändigung der anderen für ein elendes Leben bewahrt wird, dann soll man ihn der Sprache seiner Zunge berauben, mit welcher er gegen den kirchlichen Glauben loszugehen und den Namen Gottes zu lästern sich nicht scheute«. Einige Jahre später traf Friedrich folgende Verfügung: »Alle von der Kirche als Ketzer Verdammten sind von dem weltlichen Richter mit dem Tod zu bestrafen.« Und ferner: »Die, welche aus Furcht vor dem Tod in den Schoß der Kirche zurückkehren, werden mit ewigem Gefängnis bestraft.«[44] Kaiser Friedrich entschloß sich zu solchen rigorosen Gesetzen nicht aus Respekt vor der Kirche, sondern aus Sorge um die Einheit seines Reiches.

Die kirchliche Inquisition hatte nun freie Hand und nutzte diese Möglichkeit reichlich. Namentlich Konrad von Marburg, von Gregor IX. mit der Verantwortung für die Inquisition in Deutschland betraut, ging mit rücksichtsloser Strenge zu Werk. Ungezählte Häretiker endeten auf dem Scheiterhaufen.

Die Kirchenfürsten der folgenden Zeit setzten den eingeschlagenen Weg fort. Eine unter dem Vorsitz des Erzbischofs Otto Visconti tagende Synode von Mailand (1287) bestimmte, daß »die alten Gesetze gegen die Häretiker, auch die von Kaiser Friedrich II. gegebenen, und die Verordnungen zugunsten der kirchlichen Freiheit« ebenso genau zu beobachten seien wie die Verordnungen der Kirchenväter, Konzilien und Päpste.[45]

Kaiser Friedrich II. selbst geriet mit den Päpsten in heftige Konflikte. Da er den versprochenen Kreuzzug immer wieder hinausschob, belegte Gregor IX. ihn ein zweites Mal mit der Exkommunikation. Dieselbe Strafsentenz fällte das Allgemeine Konzil von Lyon (1245) über den hartnäckigen Imperator. Der Zwist erreichte seinen Höhepunkt unter Innozenz IV. († 1254); denn dieser Papst ließ gegen den exkommunizierten und der Herrschaft entsetzten Kaiser das Kreuz predigen. Die Teilnahme an diesem »Kreuzzug« galt soviel wie die Fahrt ins Heilige Land. Auch gegen Friedrichs Sohn und Nachfolger Konrad IV. († 1254) startete derselbe Papst einen Kreuzzug, und zwar allein deswegen, weil der Regent aus dem Hause der Staufer stammte. So wurde das Kreuz Christi als persönliche Waffe gegen einen unliebsamen Gegner in schändlicher Weise mißbraucht.

Um die Schuld oder Unschuld eines Angeklagten zu erweisen, ließ man im Hochmittelalter häufig das »Gottesgericht« (ordal) sprechen. Diese aus dem Germanentum stammende, mit physischen und psychischen Grausamkeiten verbundene Prozedur fand auch das Wohlgefallen kirchlicher Kreise.[46] Um diese Gewohnheit abzustellen, verbot das vierte Laterankonzil (1215) den höheren Klerikern, bei einem Gottesurteil durch Anwendung von siedendem oder kaltem Wasser oder glühenden Eisen irgendwelche Segens- oder Weihehandlungen vorzunehmen.[47] Dieses Verbot ist Beweis genug dafür, daß solche Praktiken bestanden und von Vertretern der Kirche zumindest gebilligt, wenn nicht aktiv unterstützt wurden. Papst Gregor IX. lehnte jede Form des Gottesurteils grundsätzlich ab. Das bedeutete aber keinen Verzicht auf jede Grausamkeit. Im Gegenteil, Papst Innozenz IV. gestattete im Jahre 1252 die Anwendung der Folter beim Prozeßverfahren.

Torturen wurden vornehmlich bei der Bekämpfung von Hexen in einem erschreckenden Ausmaß angewendet. Zauberei und Hexerei galten erst seit dem späten Mittelalter als Häresie, weil man nun der Überzeugung war, daß Hexen im Bund mit dem Teufel stünden. Die staatliche Gewalt schaltete sich auch in dieser Hinsicht als Vollstreckungsorgan der Kirche ein.

Die berüchtigte Bulle »Summis desiderantes affectibus«, mit der Papst Innozenz VIII. († 1492) die Inquisitionsbehörden zum ungehinderten Einschreiten gegen Hexen ermächtigte, und das drei Jahre danach erschienene Buch »Hexenhammer« der Dominikaner Institoris und Sprenger, die mit praktischen und juristischen Anweisungen bei der Hexenverfolgung behilflich sein wollten, markieren den Beginn eines Kampfes, der erst im 17. Jahrhundert seinen Höhepunkt erreichte. Wieviele Menschen diesem Verfolgungswahn zum Opfer fielen, wird sich nie genau feststellen lassen. Mancher Bischof handelte sich in Volkskreisen ob seines hervorragenden Eifers den seltsamen Titel »Hexenbrenner« ein. Der Jesuit Friedrich von Spee († 1635) gab mit seinem Werk »Cautio criminalis« den entscheidenden Anstoß zur Besinnung und Abkehr von diesem Irrweg.

Unter den zum Feuertod verurteilten Christen des 15. Jahrhunderts sind drei Gestalten bis heute unvergessen geblieben: der Priester Hus, das Mädchen Johanna und der Mönch Savonarola.

Der böhmische Priester Jan Hus mußte sich vor dem Konzil zu Konstanz (1414—1418) wegen angeblicher Irrlehren verantworten. Von seiner Rechtgläubigkeit überzeugt, bekannte er vor der Versammlung: »Bei Gott, ich habe das, was sie mir zuschreiben, nicht gepredigt, behauptet oder verteidigt.«[48] Doch die Konzilsväter schenkten ihm keinen Glauben, sondern verdammten ihn als unbelehrbaren Häretiker und übergaben ihn dem weltlichen Gericht.

Das tapfere Mädchen Jeanne d'Arc, von vielen als Hexe verdächtigt, wurde als eine Ketzerin angesehen, weil sie sich weigerte, die Kirche als die höchste Autorität anzuerkennen, und nur »ihren Stimmen« gehorchte.[49] Das geistliche Gericht, an der Spitze der Bischof von Beauvais und der päpstliche Inquisitor, exkommunizierte die »rückfällige Ketzerin, Abfällige, Götzendienerin« — diese Worte standen auf der Schandmütze, die das zum Tod verurteilte Mädchen auf dem Kopf tragen mußte — und lieferte sie der weltlichen Gerichtsbarkeit aus. Am 30. Mai 1431 starb Johanna auf dem Marktplatz der Stadt Rouen, von einer großen Zahl Neugieriger begafft, in den Flammen des Scheiterhaufens. Der fünfundzwanzig Jahre später durchgeführte Revisionsprozeß erwies die Unschuld der verbrannten Ketzerin. Papst Calixt III. († 1458) widerrief das kirchliche Urteil, und Benedikt XV. († 1922) nahm Johanna am 16. Mai 1920 unter die Zahl der Heiligen auf.

Der Untergang des italienischen Dominikanerpaters Girolamo Savonarola war wohl mehr politisch als theologisch bedingt. Alexander VI. († 1503), ein typischer Renaissancepapst, schloß den reformeifrigen Mönch von der Kirche aus. Ein anderes kirchliches Gericht verurteilte ihn wegen Ketzerei zum Tode. Mit zwei Ordensgenossen des Florenzer Konvents endete Savonarola 1488 am Galgen; ihre Leichen wurden verbrannt.

Luthers Protest gegen die katholische Kirche und die wachsende Zahl der Protestanten mögen für Papst Paul III. († 1547) der Hauptgrund gewesen sein, 1542 in Rom ein oberstes Inquisitionstribunal zu errichten. Drei Jahre danach erfolgte das erste Todesurteil über einen Häretiker. Diese gefürchtetste päpstliche Behörde — von Papst

Pius X. († 1914) als »Suprema Sacra Congregatio Sancti Officii« bezeichnet und 1968 in »Sacra Congregatio pro doctrina fidei« umbenannt — bereitete im Laufe von vier Jahrhunderten vielen Katholiken körperliche und seelische Qualen, weil sie für Freiheit in der theologischen Forschung und Mündigkeit der Laien, ja selbst der Priester kein Verständnis zeigte. Allein den Weisungen des Papstes wußte sie sich streng verpflichtet.

Drei Namen seien aus der Schar von Katholiken herausgegriffen, denen das Urteil der Inquisition zum bitteren Verhängnis gereichte. Der italienische Dominikaner Giordano Bruno mußte, da er über manche Dogmen anderslautende Ansichten geäußert hatte, zu seiner Sicherheit die Heimat verlassen. Nach jahrelangem Umherwandern ließ er sich in Venedig nieder, doch die bischöfliche Inquisition spürte ihn auf und lieferte ihn nach Rom aus. Weil der Mönch den geforderten Widerruf verweigerte, wurde er 1604 in der Stadt des Papstes öffentlich verbrannt.

Der Naturwissenschaftler Galiei Galileo entging zwar der Hinrichtung, mußte aber eine harte Kerkerhaft abbüßen, weil er die heute selbstverständliche Ansicht, daß die Erde sich um die Sonne drehe, im Gegensatz zur Heiligen Schrift lehrte.

Dasselbe Schicksal, lebenslängliche Kerkerhaft, ereilte 1687 den spanischen Priester Molino wegen seiner Lehre vom Quietismus.

Für die Glaubenskämpfe im 16. und 17. Jahrhundert sind Terror, Gewalt und Krieg kennzeichnend. Das Prinzip der Gewissensfreiheit stand zwar in der Bibel und auch auf der Fahne des Reformators Luther, blieb aber im alltäglichen Leben meist unbeachtet.

Die an Calvin orientierten Hugenotten erstrebten, nachdem sie im Edikt von St. Germain (1562) das Recht auf Gewissensfreiheit und außerhalb der Städte im französischen Königreich sogar freie Religionsübung erlangt hatten, die restlose Beseitigung der katholischen Religion. Zu diesem Zweck hielten sie massiven Widerstand gegen

eine »tyrannische« und »widergöttliche« Obrigkeit um der Religion willen für berechtigt. Die brutale Gewalt feierte Triumphe. Im Gegenzug richtete die katholische Partei unter Hugenotten, die in Vassy zum Gottesdienst versammelt waren, ein schreckliches Blutbad an. Fast vier Jahrzehnte lang tobten die Hugenottenkriege. Bei der Pariser Bluthochzeit des Jahres 1572 wurden mindestens fünftausend Hugenotten getötet. Auch wenn man Papst Gregor XIII. († 1585) nicht der Mitwisserschaft beschuldigen kann, so klingen doch die in Rom veranstalteten Freudenfeste wie ein übler Scherz: Die Gläubigen sangen in den Kirchen das Lied »Großer Gott, wir loben Dich«, der Papst zog in einer Dankprozession durch die römischen Straßen und ließ Gedenkmünzen prägen. Die Päpste selbst zählten zwar nicht unmittelbar zu den Kriegsführern, unterstützten aber die Kriegführenden mit Geld und Truppen. Ein Jahrhundert später lehnte Papst Innozenz XI. († 1689) die den Hugenotten vom »Sonnenkönig« Ludwig XIV. († 1715) auferlegten Beschränkungen ab. Bekehrungen, argumentierte der Papst, seien nicht die Aufgabe bewaffneter Apostel.
Im Dreißigjährigen Krieg (1618—1648), für den politische und religiöse Gründe maßgebend waren, hätten die kirchlichen Obrigkeiten mit Protest und Opposition gegen die grauenvolle Zerstörung hervortreten müssen. Doch weder ein Papst noch ein Bischof rief im Namen Gottes zur Beendigung dieses sinnlosen Brennens und Mordens auf.

Völkerkriege mit Gottes Hilfe

In unseren Tagen toben blutige Kämpfe zwischen Katholiken und Protestanten in Nordirland. Die beschwörenden Mahnrufe des Papstes verhallen ebenso erfolglos wie die Proteste irischer und englischer Bischöfe.
Es bleibt der kirchlichen Hierarchie nicht erspart, immer wieder Stellung zu beziehen zu kriegerischen Auseinan-

dersetzungen zwischen einzelnen Völkern. Die Antwort müßte leicht fallen, da doch Krieg und Kreuz einander zutiefst widersprechen. Deshalb mahnte Katharina von Siena den nicht zuletzt auf ihr hartnäckiges Drängen von Avignon nach Rom zurückkehrenden Papst Gregor XI. († 1378): »Hütet Euch, so lieb Euch das Leben ist, mit einem kriegerischen Heer zurückzukehren, sondern kommt mit dem Kreuz in der Hand, wie das sanftmütige Lamm.«[50]

Trotzdem wurde Gott bis in die jüngste Zeit vor den Kriegswagen gespannt. Wie einst das Volk Israel sein ganzes Vertrauen auf den »Gott der Heerscharen« setzte, erflehten christliche Völker von Gott den Sieg über ihre Feinde.

Der Münchener Erzbischof Gregor von Scherr schrieb in seinem Hirtenbrief vom 6. Februar 1871 zum Ausgang des deutsch-französischen Krieges: »Gott war mit den Waffen Deutschlands, und die Tapferkeit unserer Heere errang Sieg auf Sieg ... Wir freuen uns der glorreichen Siege unserer tapferen Armee und bewundern deren großartige Leistungen, allein unsere Freude und unser Jubel ist nicht ungetrübt. Denn wer könnte der Opfer vergessen, welche gebracht werden mußten, Opfer so groß und schwer?«[51] Zweifellos hätte die kirchliche Obrigkeit jede Form eines nationalistischen Idealismus, der den Tod für das Vaterland »süß und ehrenvoll« nennt, verwerfen und statt dessen das Streben nach Frieden als erste Christenpflicht einschärfen müssen.

In demselben Glauben und Vertrauen auf den obersten Kriegsgott zogen Tausende von Soldaten in den ersten Weltkrieg (1914—1918). Das deutsche Volk betete auf Anordnung Kaiser Wilhelms II.: »Allmächtiger, barmherziger Gott! Herr der Heerscharen! Wir bitten Dich in Demut um Deinen allmächtigen Beistand für unser deutsches Vaterland. Segne die gesamte deutsche Kriegsmacht. Führe uns zum Sieg ...« In Kirchen wie in Kasernen erklang immer wieder der Schlachtruf: »Mit Gott für Kaiser und Vaterland.« Groteskerweise bestürmte die

feindliche Partei denselben Gott nicht weniger vertrauensvoll um Schutz und Hilfe. Wem hätte denn der »gerechte Gott« den von beiden Fronten so heiß erbetenen Sieg zusprechen sollen? Und überdies, wie konnte man vergessen, daß Gott einzig und allein auf Seiten der Friedfertigen zu finden ist?
Theologen und Pfarrer ersannen eine Kriegstheologie, ohne recht zu wissen, daß sie dadurch den Namen Gottes schändeten und den Willen Gottes ins Gegenteil verkehrten. Manche sahen im Krieg ein willkommenes und wirksames Zucht- und Erziehungsmittel. »Was kein Bußprediger, keine Mission fertiggebracht hat, das ist dem Krieg mit einem Schlag gelungen. Er hat aus gottvergessenen Weltkindern hilfesuchende Gotteskinder gemacht.« Derselbe Prediger (A. Huber) war fest davon überzeugt, der Krieg wirke »wie eine gewaltige Volksmission, die unser Herrgott jetzt selbst abhält«.[52] Eine »bessere« Rechtfertigung für das Völkermorden kann es wohl nicht geben, ganz abgesehen davon, daß hier Gott selbst als der eigentliche Urheber des Krieges erscheint.
Der Sozialdemokrat Karl Liebknecht erklärte am 16. März 1916 im Preußischen Abgeordnetenhaus: »Glauben Sie mir, der Gegensatz läßt sich nicht überbrücken, der Gegensatz zwischen Religion und Christentum und dem heutigen Völkermord. Der Riß klafft unüberbrückbar. Der Vorhang des Tempels ist zerrissen. Meine Herren, soll ich davon sprechen, in welche seelische Schwierigkeiten auch die Kinder Ihrer eigenen Klasse kommen, wenn sie hören von dem Gott, der der Gott aller Menschen, also ein internationaler Gott ist, und dann wieder hören, wie dieser Gott reklamiert wird von jeder Nation für sich? Und wozu? Zum Krieg! Der Gott der Nächstenliebe, der Friedensfürst zum Krieg! Meine Herren, das sind Dinge, die einfach in ein kindliches Gemüt nicht hineingehen.«[53] Noch weniger sollten sie, möchte man hinzufügen, dem Verstand eines aufrichtigen Christen einleuchten. Doch die Wirklichkeit sah — Gott sei es geklagt! — häufig anders aus.

Wie schwer es Bischöfen fallen kann, eine dem Evangelium entsprechende Antwort zu finden, zeigte sich noch beim Zweiten Vatikanischen Konzil. Kardinal Alfrink (Utrecht) wünschte von der Versammlung die offizielle Aussage, daß jede Gewaltanwendung und jede Streitigkeit dem Geist des Evangeliums widerspreche; dies gelte auch von dem »gerechten Krieg«, falls davon überhaupt die Rede sein könne. Außerdem plädierte der Kardinal dafür, die im Entwurf stehende Aussage über Kriegsdienstverweigerung aus Gewissensgründen beizubehalten; denn es gehöre zur Aufgabe der Kirche, die Freiheit des menschlichen Gewissens zu schützen. Es fehlte nicht an Gegenstimmen unter den Konzilsvätern.
Unter den Bischöfen der Vereinigten Staaten von Amerika tanzte Kardinal Spellman († 1968) insofern aus der Reihe, als er kein Verständnis für Kriegsdienstverweigerung aufbrachte. Am 24. Dezember 1966 machte er in Südvietnam als Militärbischof der USA-Truppen Äußerungen, die unter den Katholiken in den Vereinigten Staaten von Amerika nicht unwidersprochen blieben. Nach seiner Rückkehr aus dem Kriegsgebiet im Fernen Osten stellte der Kardinal zu seiner Rechtfertigung fest: »Die amerikanischen Soldaten, Matrosen und Flieger, die ich (beim Besuch in Vietnam) getroffen habe, ersehnen mehr als alles andere in der Welt heiß den Frieden; aber sie sind ebenso entschlossen, solange zu kämpfen, bis ein auf Gerechtigkeit gegründeter Friede erreicht ist.« Und um falsche Interpretationen seiner in Südvietnam gehaltenen Rede zu korrigieren, umriß Spellman das Ziel des Vietnamkrieges mit den Worten: »Der Sieg, den sie im Auge haben, bedeutet keineswegs etwa die vollkommene Vernichtung oder Unterwerfung des Gegners. Er bedeutet ebensowenig die Eroberung Nordvietnams. Er bedeutet vielmehr, daß man den Gegner mit Erfolg überzeugen möchte von der Notwendigkeit, an den Verhandlungstisch zu kommen, mit der ehrlichen Bereitschaft, eine gerechte und ehrenvolle Lösung zu finden.«[54]
Allein deshalb einen Krieg zu beginnen und fortzufüh-

ren, um jemand zu Verhandlungen zu bewegen, berechtigt gewiß nicht zum Blutvergießen.

Es müßte nun eine Vielzahl zwar nicht so allgemeiner und eklatanter, aber für den betroffenen Personenkreis genauso schmerzlicher Maßnahmen folgen, die deutlich machen würden, wie weit und wie oft die kirchliche Autorität den von der Bibel umschriebenen und vom Gewissen des einzelnen Christen zu bewältigenden Freiheitsraum entweder eingeengt oder ganz versperrt hat. Im Rahmen dieses Beitrags können nur einige charakteristische Themen ausgewählt werden.

Eid über Eid

Entgegen der Mahnung Jesu: »Ihr sollt überhaupt nicht schwören« (Mt 5,34), erfand die Kirchenobrigkeit immer neue Eidesformeln, um die Amtsträger auf die Tradition und den Gehorsam gegenüber ihren Vorgesetzten zu verpflichten.[55]
In der Alten Kirche entstand der Brauch, daß der Bischof von Rom als Metropolit seinen Suffraganbischöfen einen Obödienzeid (Gehorsamseid) abverlangte. Mit der Zeit erstreckte sich der Herrschaftsbereich des römischen Bischofs zunächst über ganz Italien, dann über alle christlichen Länder des Abendlandes. Diese Entwicklung wurde wesentlich gefördert von dem angelsächsischen Mönch Bonifatius († 754), der viele Bischofssitze in Germanien mit der Romana Ecclesia in engere Verbindung brachte. Von Gregor II. († 731) zum Missionsbischof bestellt, versprach Bonifatius dem Papst als »Stellvertreter des hl. Petrus« sowie den Nachfolgern des Papstes Treue und Gehorsam.[56]
Für Gregor VII. galt es als selbstverständlich, daß die lateinischen Bischöfe dem römischen Bischof, der allein den Titel »papa universalis« führen durfte, in bedingungslosem Gehorsam ergeben sein mußten. Wie keiner seiner

Vorgänger auf der Cathedra Petri sprach sich dieser Summus Pontifex, der allein den Willen Gottes deuten zu können meinte, das Recht zu, Bischöfe ebenso wie Könige ein- und abzusetzen.[57] Dieses System der Hierarchie, der Über- und Unterordnung innerhalb der Kirche, wurde in den folgenden Jahrhunderten konsequent ausgebaut und erlangte im Codex Iuris Canonici seine kanonistische Vollendung.

Heute gibt es kaum ein Amt in der Kirche, das ohne entsprechendes Gehorsam- und Treuegelöbnis erreichbar wäre. Ob dem Kandidaten auf diese Weise nicht schon von Anfang an die Hände zu einem selbständigen Amtieren gebunden werden sollen?

Wer die Subdiakonatsweihe empfangen will, muß den Antimodernisteneid ablegen. Diese Eidesformel beinhaltet ein entschiedenes Nein zu Thesen, die mehrere Philosophen und Theologen um die Wende zu unserem Jahrhundert im Interesse eines Ausgleichs zwischen Denken und Glauben, zwischen Tradition und Fortschritt aufgestellt haben. Obwohl es sich gewiß nicht in allen Fällen um eindeutige Irrtümer handelte, verwarf Pius X. († 1914) diese Lösungsversuche insgesamt als Irrtümer und schrieb einen Eid vor, der in Form eines Glaubensbekenntnisses jene Irrtümer des Modernismus ablehnte. Dieser Eid muß heute noch wiederholt werden bei der Übernahme eines theologischen Lehramtes und vor der kanonistischen Einsetzung als Pfarrer oder Bischof. Pius XI. († 1939) dehnte diese Verpflichtung auf alle Lehrer der Theologie und Philosophie an kirchlichen Lehranstalten aus. Erst seit kurzer Zeit wird eine modifizierte Formel gebraucht.

Außerdem ist vor der Subdiakonatsweihe — seit kurzem erst vor der Priesterweihe — das schriftliche und mündliche Versprechen der Ehelosigkeit abzulegen.

Der zum Bischofsamt Erwählte muß schwören, »die Rechte, Privilegien und die Autorität der heiligen Römischen Kirche, unseres Herrn Papstes und seiner künftigen Nachfolger ... zu bewahren, zu verteidigen, zu vermehren und fördern«.[58] Als Bischof fragt er seinerseits den zur Priesterweihe erschienenen Kandidaten: »Versprichst du mir und meinem Nachfolger Ehrfurcht und Gehorsam?«

Ein spezieller Eid besteht für jene Professoren, die in der Bibelwissenschaft unterrichten wollen. Sie müssen versprechen, alle vom Apostolischen Stuhl und von der päpstlichen Bibelkommission erlassenen Prinzipien und Dekrete als strikte Norm zu respektieren. Allein aufgrund dieses Eides war es möglich gewesen, den Fortschritt in der exegetischen Forschung auf Jahrhunderte zu stoppen. Noch unter dem Pontifikat Papst Pius' XII. wurden Bibelwissenschaftler abgesetzt, weil sie die offiziellen Lehren der Kirche nicht in allen Punkten akzeptierten und dozierten.

Erwähnt sei noch der bei einer sogenannten Mischehe vorgesehene Eid. Der nichtkatholische Ehepartner mußte ebenso wie der katholische schwören, sämtliche Kinder katholisch taufen zu lassen und zu erziehen. Weiter hieß es: »Wir versprechen einander mit diesem Eidschwur, in der Gegenwart Gottes, auch wenn der Tod unser Eheband auflöst, daß der überlebende Teil das Versprechen der katholischen Kindererziehung treu und gewissenhaft halten wird.«[59] Eine spürbare Erleichterung ist in dieser Hinsicht als Folge des Zweiten Vatikanischen Konzils eingetreten.

Index der verbotenen Bücher

Das Konzil von Nizäa (325) schloß den Häretiker Arius nicht nur von der Kirche aus, sondern verbot auch, daß dessen glaubensgefährdende Schriften gelesen würden. Das zweite Konzil von Nizäa (787) verfügte die Konfiskation und Verbrennung aller Bücher, die gegen die Verehrung der heiligen Bilder verfaßt waren.

Am Ende des Mittelalters veröffentlichten Universitäten und einzelne Bischöfe Listen mit Titeln glaubens- oder sittenwidriger Schriften. Dieser Brauch wurde im 16.

Jahrhundert angesichts des häretischen Schrifttums der Reformatoren mit dem im Auftrag Papst Pauls IV. († 1559) herausgegebenen »Index« der verbotenen Bücher fortgesetzt. Fünf Jahre später (1564) erschien der noch vom Trienter Konzil angeregte »Index librorum prohibitorum« (Liste der verbotenen Bücher). Dieser Index — das klassische Beispiel der Zensur! — war ein mit päpstlicher Autorität publizierter, von Zeit zu Zeit auf den neuesten Stand gebrachter Katalog von Büchern, die nach Auffassung des Heiligen Stuhls Religion und Moral gefährdeten und deshalb von Katholiken nur mit spezieller Erlaubnis gelesen werden durften.

Die von Papst Gregor XIII. im Jahre 1572 gegründete Index-Kongregation bestand bis 1917; ihre Aufgaben wurden dann vom »Heiligen Offizium« erledigt.

Besonders bedauerlich bleibt die in vielen Fällen skandalöse Verfahrensweise der für das »Bücherverbot« zuständigen päpstlichen Behörde. Die Aufnahme eines literarischen Werkes in das Verzeichnis der verbotenen Bücher — ein Akt, der oft sehr willkürlich erfolgte! — bedeutete für den Autor eine Art von Todeserklärung. Zur Verteidigung erhielt er in der Regel keine Gelegenheit; er wurde nicht einmal unterrichtet über die Gründe für seine Verurteilung. In dem Bücherverbot begegnen uns berühmte Namen wie die Theologen Pascal, Fénélon, Schell, Karrer und Thomé, die Historiker v. Ranke, Batiffol, Döllinger, Buonaiuti, Merkle und Funk, die Philosophen Blondel, Spinoza, Descartes, Voltaire und Lamenais, die Dichter Grillparzer, Heine, Dumas, Sartre und Gide sowie viele andere.[60]

Ein indiziertes Buch durfte weder verkauft noch gelesen werden. Wer dieser Anordnung zuwiderhandelte, verfiel der Exkommunikation.

Die letzte Ausgabe des Index Romanus erschien 1948, wurde aber mit Ergänzungen bis 1961 fortgesetzt. Seit einigen Jahren verzichtet die Römische Kurie darauf, eine solche Bücherliste zusammenzustellen und bekanntzugeben.

Die Index-Praxis stellte nicht nur einen schweren Verstoß gegen die Meinungsfreiheit dar; sie unterband notwendige theologische Diskussionen und verhinderte dadurch den Fortschritt in der Theologie.

Die teuflische Sexualität

Jesus zeigte nach Auskunft der Bibel keine Spur von Frauenfeindlichkeit. Bedenkt man die untergeordnete Rolle der Frau in der damaligen Gesellschaft, muß seine Einstellung zum weiblichen Geschlecht sogar als revolutionär gelten.

Die Kirche aber hat Jahrhunderte hindurch, in engem Anschluß an Augustinus, einer Verteufelung der Sexualität und einer Diffamierung der Frau gehuldigt. Und selbst im kirchlichen Gesetzbuch sowie im kirchlichen Leben unserer Zeit erscheint die Frau immer noch als zweitrangig und — zumindest in den Augen mancher Prälaten und Pfarrer — als minderwertig. »Weißt du nicht«, hatte einst Tertullian († 220) einer Frau zur Mahnung geschrieben, »daß du eine Eva bist? Du bist das Einfallstor für den Teufel. Wie leicht brachtest du den Mann, das Abbild Gottes, zu Fall. Wegen des Todes, den du auf uns herabgebracht hast, mußte sogar Gottes Sohn sterben.«[61] Thomas von Aquin († 1274) vermochte in der Frau nur ein »verfehltes männliches Geschlecht« zu sehen.[62]

Die Ansicht von der Frau als verführerische Tochter Evas ließ schon frühzeitig die Jungfräulichkeit als Ideal erscheinen und führte zusammen mit anderen Motiven im 12. Jahrhundert zum Gesetz des Zölibats für die höheren Kleriker.

Wie gefährlich man die Frau einschätzte, ist auch daran abzulesen, daß Frauen, die sich mit Geistlichen sexuell verfehlten, meist eine schlimmere Strafe traf als die mitschuldigen Priester. Es gab Zeiten, da die Konkubine eines Klerikers zur Sklavin der Kirche erklärt wurde, da sie

geschorenen Hauptes, vor der Kirchentüre stehend, das Gespött der Gottesdienstbesucher über sich ergehen lassen mußte oder da sie, gewaltsam vertrieben, einem ungewissen Schicksal ausgeliefert war.
Unter den kuriosen Moralvorschriften sei nur erwähnt, daß Eheleuten die geschlechtliche Vereinigung an bestimmten Tagen und Festzeiten des Jahres streng verboten war. Daß diese Vereinigung in erster Linie immer auf die Zeugung neuen Lebens ausgerichtet bleiben mußte, gehört seit den Tagen der Kirchenväter zur Ansicht der meisten Theologen und zur offiziellen Lehre der Kirche.

Schweigen zu Ungerechtigkeiten

Die letzte Römische Bischofssynode (1971) hat nach der Zölibatsfrage das Problem der sozialen Gerechtigkeit diskutiert. Dabei zeigte sich deutlich, daß mancher Bischof aus Angst vor Konsequenzen, die er von der Regierung seines Landes erwarten mußte, entweder nur vorsichtige Äußerungen machte oder sich ganz in Schweigen hüllte. Jesus aber hat sich eindeutig auf die Seite der Armen und Hungernden, der Unterdrückten und Ausgestoßenen gestellt. Dort müßte die Kirche, wenn sie Kirche Christi sein will, heute ebenfalls vorrangig zu finden sein. Doch die Wirklichkeit bietet mancherorts ein anderes Bild. Als Beispiel soll genügen, was Erzbischof Milingo von Lusaka (Zambia) in einer Fernsehansprache anprangerte: »Beleuchten wir zum Beispiel die Situation von Mozambique und Angola. Warum versäumt die katholische Kirche, der Regierung Ungerechtigkeit vorzuwerfen? Weil es einen historischen Vertrag zwischen diesen Regierungen und der Kirche gibt ... Jeder Priester in Portugiesisch-Ostafrika muß das Versprechen ablegen, nie auch nur das Geringste gegen die Regierung zu sagen. Nun ist ja diese Regierung als ‚katholische Regierung' bekannt. Sie übt also die soziale Ungerechtigkeit im Namen der katholischen Kirche aus.«[63]

Exkommunikation auf Schritt und Tritt

Ein kaum zu überbietender Mißbrauch erstreckte sich auf eine Strafe, die als eine der schlimmsten gelten müßte: die Exkommunikation oder der Ausschluß aus der kirchlichen Gemeinschaft.

War diese Strafe in den ersten Jahrhunderten nur bei sehr schweren Verstößen gegen eine Glaubens- oder Sittenlehre ausgesprochen worden, so diente sie in späterer Zeit nicht selten dazu, geringfügige Meinungsverschiedenheiten hinsichtlich des christlichen Glaubens oder der kirchlichen Tradition zu ahnden. Seit den Tagen der Staufenkaiser suchte die Hierarchie mit dieser Strafe auch kirchenpolitische, wirtschaftliche und disziplinäre Ziele zu erreichen. Johannes XXII. († 1334) belegte Ludwig den Bayern († 1347) mit der Exkommunikation, weil dieser die Königsherrschaft ohne päpstliche Bestätigung ausübte. Mit derselben Strafe mußte jeder rechnen, der Geldforderungen der Apostolischen Kammer nicht erfüllte. Ein Priester, der in Mißachtung seines vor der Weihe abgelegten Zölibatsversprechens im Konkubinat lebte, verlor zunächst sein Benefizium, wurde dann, falls es sich nicht besserte, suspendiert und schließlich von der Kirchengemeinschaft ausgeschlossen. Wenn ein Priester des lateinischen Ritus heiratete, lud er automatisch die Exkommunikation auf sich. Erst seit einigen Jahren besteht die Möglichkeit, daß ein Priester aus dem Amt scheidet und — mit Erlaubnis der in Rom zuständigen päpstlichen Kongregation — eine Ehe eingeht. Mit Exkommunikation wurde jeder Katholik bestraft, der beispielsweise ein kirchlich verbotenes Buch las, einem Leichenverbrennungsverein angehörte oder sich mit der standesamtlichen Eheschließung begnügte. Die Strafe der Exkommunikation zog sich jeder zu, der ohne Erlaubnis das Vatikanische Archiv betrat. Hier ließen sich beliebig viele Fälle aufzählen.

Das Kirchenrecht unterscheidet zwei Arten von Exkommunikation. Während der excommunicatus tolerandus

»gesellschaftsfähig« bleibt, muß sich der excommunicatus vitandus von der menschlichen Gesellschaft ausgeschlossen fühlen. Der Umgang mit einem strenger Gebannten steht ebenfalls unter der Strafe der Exkommunikation.
Die von der kirchlichen Behörde verhängte Exkommunikation hatte bis zum Beginn des 19. Jahrhunderts nach mittelalterlichem Recht die Reichsacht zur Folge. Der nunmehr doppelt Bestrafte galt als »vogelfrei« und konnte von jedem getötet werden.
Neben der persönlichen Exkommunikation gebrauchte man noch die Strafe des Lokalinterdikts. Wenn ein Ort oder ein ganzes Land mit dem Interdikt belegt war, durfte dort kein Gottesdienst gefeiert, kein Sakrament gespendet und kein Begräbnis vorgenommen werden. Konstanz stand achtzehn Jahre und Frankfurt achtundzwanzig Jahre hintereinander unter dieser Strafe.

Wo blieb die Freiheit des Gewissens?

Im »Vater unser«, das Jesus seinen Jüngern zu beten lehrte, steht die Bitte, daß Gottes Wille im Himmel ebenso wie auf Erden geschehen möge.
Was aber ist der Wille Gottes im Einzelfall? Kirchliche Amtsträger betrachteten es schon frühzeitig als ihre Hauptaufgabe, dem »unmündigen Kirchenvolk« möglichst konkret vorzuschreiben, was der Wille Gottes verlange. Daß es dabei nicht immer gottgewollt zuging, zeigt uns die Geschichte der Kirche überdeutlich.[64] Die breite Skala der kleinen und großen Verstöße — ob mit oder ohne Schuld, entscheidet allein der allwissende Gott — der Maßnahmen, Verordnungen und Gesetze, die im Namen Gottes erlassen wurden, reicht von der Aufforderung zur Gewalt über Leugnung der Gewissensfreiheit bis zur Ermahnung, sich bei Leid und Not blind in Gottes Willen zu ergeben.
Vielleicht hat die fast zwei Jahrtausende andauernde Situation der Kirche keiner so treffend geschildert wie

der russische Dichter Dostojewskij († 1881) in seiner Erzählung vom »Großinquisitor«. Einen Tag, nachdem in Sevilla »fast hundert Ketzer auf einmal vom Kardinal, dem Großinquisitor, ad maiorem gloriam dei (zur größeren Ehre Gottes), verbrannt worden sind«, redet der neunzigjährige Kardinal-Großinquisitor den für einen Augenblick auf die Erde zurückgekehrten und auf Befehl des Kardinals eingekerkerten Jesus an: »Warum bist Du gekommen, uns zu stören? ... Morgen werde ich Dich richten und auf dem Scheiterhaufen verbrennen als den bösartigsten Ketzer.« Und warum Ketzer? Einzig und allein deshalb, weil Jesus für die Freiheit des menschlichen Gewissens plädierte.

Im 16. Jahrhundert bezeichnete Papst Clemens VIII. († 1605) die Gewissensfreiheit[65] als »das Schlimmste von der Welt«. Theodor Beza († 1605), das Haupt der Genfer Kirche, nannte die Lehre von der freien Gewissensentscheidung »ein teuflisches Dogma«. Und Papst Gregor XVI. († 1846) verdammte noch im 19. Jahrhundert die Freiheit des Gewissens als »Wahnsinn«, als »eine falsche oder absurde Maxime«.[66]

Und heute?

Bei der 1971 durchgeführten Repräsentativumfrage zur »Synode für die Bistümer in der Bundesrepublik Deutschland« erbat man auch Antwort auf die Frage: »Fördert die Kirche, daß man sich als freier Mensch fühlen kann? Fördert sie, daß man möglichst frei und unabhängig sein kann?« Nur siebzehn Prozent der befragten viertausend Katholiken antworteten mit Ja, fünfundzwanzig Prozent äußerten die Überzeugung, die Kirche behindere ein freies und unabhängiges Leben.[67]

Soll das heißen, daß wir, trotz der Erklärung des Zweiten Vatikanischen Konzils über die Gewissensfreiheit, immer noch weit entfernt sind von der Freiheit, die Jesus gebracht und die der Apostel Paulus als »Freiheit der Kinder Gottes« mit Leidenschaft verkündet hat?

Anmerkungen

[1] J. Kahl, Das Elend des Christentums oder Plädoyer für eine Humanität ohne Gott (rororo aktuell, 1093) Reinbek 1968, 64.

[2] G. Schwaiger, Der päpstliche Primat in der Geschichte der Kirche: Zeitschrift für Kirchengeschichte 82 (1971) 8.

[3] Vgl. M. Hengel, Gewalt und Gewaltlosigkeit. Zur »politischen Theologie« in neutestamentlicher Zeit (Calwer Hefte 118) Stuttgart 1971; R. Baumann, 2000 Jahre danach. Eine Bestandsaufnahme zur Sache Jesu, Stuttgart [2]1972, bes. 204—216.

[4] K. Rahner u. H. Vorgrimler, Kleines Konzilskompendium, Freiburg—Basel—Wien 1966, 669 (Art. 10).

[5] Ebd. 672 (Art. 12).

[6] Vgl. F. van der Meer, Augustinus der Seelsorger. Leben und Wirken eines Kirchenvaters, Köln 1958, 119. Die gesamte Problematik ist behandelt in dem instruktiven Werk von J. Lecler, Geschichte der Religionsfreiheit im Zeitalter der Reformation, 2 Bde., Stuttgart 1965 (zu Augustinus vgl. Bd. I 118—128).

[7] C. Mirbt u. K. Aland, Quellen zur Geschichte des Papsttums und des römischen Katholizismus, Bd. I: Von den Anfängen bis zum Tridentinum, Tübingen [6]1967, 374—377; Lecler, Geschichte I 140.

[8] C. Mirbt, Quellen zur Geschichte des Papsttums und des römischen Katholizismus, Tübingen [4]1924, 362.

[9] Mirbt-Aland, Quellen I 460 (Bulle «Unam Sanctam» v. 18. 11. 1302).

[10] Ebd. 543 (Const. VI, cap. I).

[11] E. Eichmann u. K. Mörsdorf, Lehrbuch des Kirchenrechts auf Grund des Codex Iuris Canonici, Bd. I, München—Paderborn—Wien [11]1964, 258.

[12] Daß solche Ansichten heute noch vorherrschen, wird niemand ernstlich bestreiten. Vgl. G. Denzler, Der Dialog im Verständnis Papst Pauls VI., in: Begegnung. Beiträge zu einer Hermeneutik des theologischen Gesprächs. Festschrift für H. Fries, hrsg. von M. Seckler, O. H. Pesch, J. Brosseder u. W. Pannenberg, Graz—Wien—Köln 1971, 779—789.

[13] Vgl. R. Pernoud, Die Kreuzzüge in Augenzeugenberichten, Düsseldorf 1961.

[14] Einen ausgezeichneten Überblick bietet H. E. Mayer, Geschichte der Kreuzzüge (Urban-Bücher 86) Stuttgart 1965, 15—46.

[15] Die unter Kaiser Konstantin d. Großen († 337) begonnene Verbindung zwischen Staat und Kirche hatte nicht zuletzt auch eine Beteiligung der Kirche am Krieg zur Folge. Ob man deshalb nicht von einem »zweiten Sündenfall« der Kirche sprechen müßte?

[16] A. Läpple, Kirchengeschichte in Dokumenten, Düsseldorf [2]1967, 90.

[17] Ebd. 89.

[18] Vita Lebuini, in: Analecta Bollandiana, Band 34—35, Brüssel—Paris 1915—1916, 325—327.

[19] F. Prinz stellt fest: »Politik und Krieg sind im Koordinatensystem der ottonischen Reichskirche den Bischöfen nicht nur faktisch erlaubt und pflichtmäßig geboten, sondern diese außer- und im Grunde unkanonischen Betätigungen werden in den Katalog der bischöflichen Pflichten aufgenommen, als vorbildlich dargestellt und insofern auch ‚verchristlicht', als sie jetzt als unmittelbare Konsequenzen bischöflicher und priesterlicher Aufgaben erscheinen« (Klerus und Krieg im frühen Mittelalter, Stuttgart 1971, 195—196). — Der Erzbischof von Aachen überreichte Otto d. Großen bei der Krönungszeremonie das Schwert, indem er sprach: »Empfange dieses Schwert und treibe mit ihm aus alle Widersacher Christi, die Heiden und schlechten Christen, da durch Gottes Willen alle Macht des ganzen Frankenreiches dir übertragen ist, zum bleibenden Frieden aller Christen« (Läpple, Kirchengeschichte in Dokumenten 100).

[20] Migne, Patrologia latina, Bd. 144, Sp. 316; vgl. H. Kühner, Gezeiten der Kirche in zwei Jahrtausenden, Bd. I, Würzburg 1970, 164. Bernhard von Clairvaux betrachtete die Kreuzzüge als ein indirektes Mittel zur Bekehrung. Das ihm zugeschriebene Wort »Bekehrung oder Tod« ist allerdings nicht authentisch. Vgl. Lecler, Geschichte I 141.

[21] Läpple, Kirchengeschichte in Dokumenten 115.

[22] Pernoud, Die Kreuzzüge in Augenzeugenberichten 73—74.

[23] W. Lammers, Chronik oder die Geschichte der zwei Staaten (Ausgewählte Quellen zur deutschen Geschichte des Mittelalters 16) Darmstadt 1961, 507.

[24] Ebd. 501.

[25] M. Pfliegler, Dokumente zur Geschichte der Kirche, Innsbruck—Wien—München [2]1957, 170.

[26] Vgl. G. Denzler, Der heilige Otto, Bischof von Bamberg (um 1060—30. Juni 1139), in: Bavaria Sancta. Zeugen christlichen Glaubens in Bayern, hrsg. von G. Schwaiger, Bd. II, Regensburg 1971, 141—156.

[27] Bihlmeyer-Tüchle, Kirchengeschichte, Bd. II, Paderborn [18]1968, 244.

[28] Vgl. G. Denzler, Das Morgenländische Kirchenschisma im Verständnis von Päpsten und Ökumenischen Konzilien des Mittelalters: Münchener Theologische Zeitschrift 20 (1969) 116.

[29] W. E. Schwarz, Der Briefwechsel Maximilians II. mit Pius V., Paderborn 1889, 187—188.

[30] Läpple, Kirchengeschichte in Dokumenten 59. 67.

[31] Conciliorum oecumenicorum decreta, Freiburg 1962, 200.

[32] Ebd. 242.

[33] Läpple, Kirchengeschichte in Dokumenten 183—184.

[34] P. E. Lapide, Rom und die Juden, Freiburg 1967, 31.

[35] Läpple, Kirchengeschichte in Dokumenten 178.

[36] Lapide, Rom und die Juden 75—342.

[37] Rahner-Vorgrimler, Kleines Konzilskompendium 359 (Erklärung über das Verhältnis der Kirche zu den nichtchristlichen Religionen, Art. 5).

[38] Mirbt-Aland, Quellen I 459.

[39] Pfliegler, Dokumente zur Geschichte der Kirche 154.

[40] J. B. Mansi, Sacrorum conciliorum nova et amplissima collectio, Bd. 20, Florenz 1772, Sp. 986 (Ep. 7).

[41] Pernoud, Die Kreuzzüge in Augenzeugenberichten 140.

[42] Vgl. H. Kamen, Die spanische Inquisition (dtv 605) München 1969.

[43] Mirbt-Aland, Quellen I 327—328.

[44] Pfliegler, Dokumente zur Geschichte der Kirche 189.

[45] Ebd. 189.

[46] Vgl. H. Nottarp, Gottesurteile. Eine Phase im Rechtsleben der Völker, Bamberg 1949.

[47] Conciliorum oecumenicorum decreta, 220.

[48] Pfliegler, Dokumente zur Geschichte der Kirche 216.

[49] Zu den Prozeßakten vgl. Läpple, Kirchengeschichte in Dokumenten 179—182.

[50] Läpple, Kirchengeschichte in Dokumenten 161.

[51] Pastoralblatt für die Erzdiöcese München-Freysing 12 (1871) 34.

[52] Sämtliche Zitate über den Krieg bei H. Missalla, »Gott mit uns«. Die deutsche katholische Kriegspredigt 1914—1918, München 1968.

[53] Zitat bei G. Schmolze, Zum hundertsten Geburtstag: Karl Liebknecht und die Religion, in: Publik vom 6. 8. 1971, 24.

[54] L'Osservatore Romano, 15. 1. 1967; vgl. Die Römische Warte. Beilage der »Deutschen Tagespost«, 31. 1. 1967, 31.

[55] Vgl. F. Leist, Der Gefangene des Vatikans. Strukturen päpstlicher Herrschaft, München 1971, 253—272.

[56] Pfliegler, Dokumente zur Geschichte der Kirche 77.

[57] Vgl. Läpple, Kirchengeschichte in Dokumenten 108—110 (Dictatus papae).

[58] Leist, Der Gefangene des Vatikans 241.

[59] Amtsblatt für die Erzdiözese München-Freising, 24. 9. 1921.

[60] Vgl. A. Sleumer, Index Romanus. Verzeichnis sämtlicher auf dem römischen Index stehenden deutschsprachlichen Bücher desgleichen aller wichtigen fremdsprachlichen Bücher seit dem Jahre 1750, Osnabrück 1956.

[61] De cultu feminarum I 1 (Corpus Christianorum, ser. lat. I), Turnholt 1954, 343. Vgl. Texte der Kirchenväter, hrsg. von A. Heilmann, Bd. III, München 1964, 614.

[62] Wie so oft, fußt Thomas auch hier auf dem antiken Philosophen Aristoteles, der die Frau nur als »einen verstümmelten Mann« *(mas occasionatus)* einschätzte. Vgl. M. Müller, Grundlagen der katholischen Sexualethik, Regensburg 1968, 63. Interessant der Aufsatz von A. Mitterer, Mas occasionatus: Zeitschrift für katholische Theologie 72 (1950) 80—103.

[63] Misereor-Pressedienst vom Oktober 1970, Aachen.

[64] Vgl. K. Rahner, Freiheit und Manipulation in Gesellschaft und Kirche (Münchener Akademie-Schriften 53) München 1970.

[65] Vgl. Lecler, Geschichte.

[66] Vgl. Enzyklika »Mirari vos« vom 15. 8. 1832.

[67] Vgl. G. Schmidtchen, Zwischen Kirche und Gesellschaft. Forschungsbericht über die Umfragen zur Gemeinsamen Synode der Bistümer in der Bundesrepublik Deutschland, Freiburg—Basel—Wien 1972.

ELEONORE BECK

Du sollst ...

Alttestamentliche Perspektiven

Tatbestände

Gott will ... wie ein Damoklesschwert hängen diese Worte über dem Leben der Menschen. Gewiß, der Mensch ist frei. Er hat Möglichkeiten: Er kann fliehen, er kann alles mißachten, negieren, was mit dem Etikett »Wille Gottes« firmiert ist, er kann sich zum trotzigen Dagegen entscheiden: Was für mich gut ist, weiß ich selbst am besten! Aber den meisten dieser Flüchtlinge gelingt es auch heute noch nicht, dem Willen Gottes zu entkommen. Spätestens beim nächsten Todesfall, der unheilbaren Krankheit, der Katastrophe wird er eingeholt von der Frage: Wer hat das gewollt? Warum gerade ich? Ist da einer, der das für mich gewollt hat? Fragt der Betroffene nicht selbst, findet sich gewiß ein Außenstehender, der den brüchigen Trost anbietet: Gott will es so — da kann man sich nur ducken, ertragen, gezwungen zustimmen, auf die Frage nach dem Sinn verzichten; denn lang nicht jeder, den das Schicksal Ijobs trifft, ist einer, der den Kampf aufnehmen könnte.
Das Wort vom Willen Gottes klingt wie ein Motto, mit dem sich Höllenängste, Himmelsträume, Verzichte, schlechtes Gewissen, Konflikte, Freude an der guten Tat, Gerichts- und Sündenangst verbinden können.
Noch im letzten Jahrzehnt gehörte es zum pädagogisch guten Ton, daß Mütter schon ihren Kleinkindern vorhielten: Das darfst du nicht, das gefällt Gott nicht, dafür straft dich Gott, du kommst in die Hölle. Eltern ver-

schafften sich Autorität unter Berufung auf die Autorität Gottes und seinen Willen, der sich ja jeweils der gewünschten Situation anpassen läßt. So erfuhr das Kind den Willen Gottes von vornherein als drohendes Mittel einer ungreifbaren Macht. In den ersten Schuljahren schon lernte man die Zehn Gebote als ein für allemal gültige Gesetze Gottes. An die Stelle der unbestimmten Drohung trat nicht selten der Hinweis: »Das mußt du beichten ...«

Der junge Mensch wird erwachsen, er ändert sich und seine Einstellung, er schafft, sucht und findet seinen Platz in der Gesellschaft. Oft aber bleibt er am Gängelband des einmal gelernten »Willen Gottes«, er kommt nicht los von jenem verkümmerten Anhängsel aus Kindertagen, das normierenden Anspruch erhebt, und sich doch mit dem realen Leben, seinen Entscheidungen und Wirklichkeiten längst nicht mehr decken will und kann.

Wer heute einigermaßen wach lebt, kann im Alltag des eigenen und fremden, des privaten wie des öffentlichen Lebens unschwer Symptomen einer allgemeinen Unsicherheit im ethischen Bewußtsein begegnen. Die Normen, nach denen Kinder erzogen werden, die Verhaltensschemata, in die sich Erwachsene einpassen, scheinen willkürlich gesetzt. Und trotz des untergründigen Unbehagens, daß man nicht mehr weiß, warum man sich so und nicht anders verhält, fügt sich die Mehrzahl in widerspruchslosen Konformismus. Man hält sich an das Vorgegebene, die »christliche« Tradition.

Es scheint ziemlich sicher, daß man heute mit dem Verweis auf die Autorität göttlicher Gebote keine Ethik mehr begründen kann. Ebensowenig könnte man wohl einen Dieb oder einen Mörder mit dem Hinweis, Gott habe das verboten, von seiner Tat abhalten.

Was gilt der Wille Gottes?

Fragte man einen Passanten auf der Straße nach seiner Meinung über den Willen Gottes, so würde er vielleicht verständnislos den Kopf schütteln über die Zumutung, daß diese Frage ihn betreffen solle, wo doch lebenswichtige Probleme sein Herz und seinen Kopf füllen. Gehörte der Befragte zu den Konfessionsintegrierten, würde er sich an das donnerdröhnende »du sollst ...« vom Sinai erinnern, an Mose und die zehn Sätze. Vermutlich würde er aber nicht versäumen, darauf hinzuweisen, daß der zornige und rächende Gott des Alten Testaments überholt sei von Jesus, der das Gebot der Liebe gebracht und den gestrengen durch den barmherzigen Vater ersetzt habe.

Ein »Liberalerer« könnte darauf hinweisen, daß der Wille Gottes, soweit er noch anwendbar sei, in den Gesetzen des Staates aufgefangen und hier vernünftig kontrollierbar verwaltet werde. Emotionaler und ausgiebiger dürfte die Antwort ausfallen, wenn der Gefragte zu einer der unbequemen linken Gruppierungen gehören sollte. Er wird darauf hinweisen, daß die im Alten Testament gründende jüdische Moral Gott zum Über-Ich, zum autoritären Vater-Idol gemacht habe; daß in den zum Willen Gottes erhobenen gesellschaftlichen Normen der eigentliche Feind zu erblicken sei, gegen den eine Gesellschaft zu Feld ziehen müsse, wolle sie unbehelligt von diktatorischen Tabus dem einzelnen genügend Lebensraum verschaffen, um ein soziales, friedliches und menschenwürdiges Zusammenleben zu ermöglichen.

Hier ist die Einsicht ausgesprochen, daß die Formen des Miteinanderlebens der Menschen (auch die Formen ihres Lebens mit Gott) kulturgebunden sind; die Kulturen schaffen ein bestimmtes Selbst- und Gottesverständnis des Menschen, eine Moral, die in sein Wesen eingeht, ihn prägt bis ins Unterbewußtsein. Wir können heute nicht einfach eine »neue« Moral setzen, neue Verhaltensmodelle schaffen. Wir alle sind geprägt von den Wertungen und Maßstäben der Früheren. Eine Krankheit, die bis ins Unterbewußte reicht, kann man nicht dadurch heilen, daß man die Symptome ignoriert und beschließt: Von morgen an werde ich ein neuer Mensch. Die mensch-

liche Natur nimmt Prägungen auf, die Anpassung an neue kulturelle und soziale Vorgegebenheiten erfordert einen langen Prozeß und hinkt, das erweist ein Blick in die Geschichte, immer hinter der Entwicklung her.
Der Mensch kann nicht aus seiner Haut fahren, sagt das Sprichwort, er kann sich auf dem langen Marsch zum Menschsein wissen — aber er kann sich dies neue Menschsein nicht transplantieren lassen, wie man ein krankes Organ durch ein gesundes ersetzt.
Die westlichen Völker sind vorgeprägt, christlich — alttestamentlich —, wenn man so will. Der heutige Mensch kann sein Selbstverständnis nicht formulieren, ohne daß er sich mit den Wurzeln auseinandersetzt. So erkennt er Mißdeutungen, Mißverständnisse und Mißbräuche, deren Hohlheit er spürt und gegen deren Macht er sich auflehnt.
Es gibt nur eine Erde — und eine Menschheit. Wir müssen auf ihr miteinander leben — enger denn je. Wer das begriffen hat — und Erfahrung wie Entwicklung tragen dazu bei, daß jeder das wird lernen müssen —, dem kann es nicht mehr gleichgültig sein, welche Normen gelten, wessen Autorität sich durchsetzen wird.

Der Mensch und die Gebote

Der Mensch kann ohne Normen nicht leben. So lehren uns heutige Anthropologen, Soziologen und Verhaltensforscher.[1] Es liegt in der biologischen Natur des Menschen, — in seiner Geschöpflichkeit, würden die Theologen sagen, — daß auch eine kleine Gruppe feste Regeln für ihr Zusammenleben braucht.
Der Fisch erforscht das Element, in dem er lebt und atmet, nicht. Auch der Mensch verwirklicht weite Bereiche seines Lebens, zumal physiologische Funktionen, Urbefunde des Daß und So seiner Existenz, ohne sie bewußt wahrzunehmen. Das Besondere des Menschseins aber besteht darin, daß er in seinen Lebensraum nicht so ein-

gefügt ist wie die anderen, auch die ihm ganz nahekommenden Wesen der Säugetierreihen. Sie leben in unbewußter Harmonie zwischen dem So ihres Selbstseins und ihrer Umwelt. Darum fragen diese Wesen auch nicht nach dem Woher und Wohin ihres Seins. Ihr Leben erfüllt sich in sich selbst. Das des Menschen nicht. Von Anfang an befindet sich der Mensch in einer Spannung sowohl zu sich selbst als auch zu seiner Umwelt. Seine ursprüngliche Antriebsstruktur ist nicht auf bestimmte Verhaltensweisen determiniert. Seine Ordnungen sind ihm nicht von vornherein als sogenannte Instinkte, Reflexe, eingebaut. Der Mensch ist nicht programmiert, er ist nicht rundum harmonisch geschlossen, er ist geöffnet. Darin besteht seine Besonderheit, die Größe wie auch das Problem des Menschen. Er muß sich Ordnungen schaffen, er braucht die stabilisierende Stütze der Institution gegen die eigene »fürchterliche Natürlichkeit« (Gehlen). Aus seinem biologischen So-Sein heraus ist der Mensch darauf angewiesen, nach Ordnungen des Lebens und des Miteinanderlebens zu suchen und sich daran zu halten. Damit hängt etwa die verschiedene Ausformung von Gesellschafts- und Staatsstrukturen zusammen, wie auch die entsprechenden Auffassungen von Gut und Bös, von Gebot und Verbot.

Die Ordnungen, die der Mensch sich gibt, sind nie ein für allemal festgelegte stabile Gefüge. Der Mensch lebt geschichtlich, das heißt, in ständiger Selbstentfaltung, zu der ihn das fortdauernd strömende Element des Geschehens herausfordert. Unausbleiblich stellen sich Konflikte ein zwischen einmal gewonnener und neu zu gewinnender Orientierung, wobei sich beide, sowohl die auf dem alten Beharrenden, wie auch die zu neuem Fortschreitenden, auf letzte Gründe, auf den unwandelbaren Willen des Himmels, der Götter, oder Gottes berufen.

Wenn Gott ist, wie wir glauben bekennen zu dürfen, wenn die Fähigkeit der Menschennatur, sich zu entfalten, Wille und Geschenk des Schöpfers ist, dann drückt sich in allem Gestalten des menschlichen Geistes, seines Suchens

nach Ort und Ordnung im ganzen der Welt letztlich sein Wille aus. Und da Gott ein Gott der Geschichte ist, lebendig im ganzen der Welt, wundern wir uns nicht, daß er entwickelnd und fortschreitend den Geist des Menschen bewegt und führt, ihn nie stillstehen läßt, sondern ihn drängt, auch seine geistigen Zelte immer wieder abzubrechen auf dem langen Marsch zum Humanen.
Alle großen Augenblicke in der Menschheitsgeschichte, Buddha, Zarathustra, Mose, die Propheten, Jesus, Mohammed bedeuten Aufbrüche aus dem alten ins neue Selbstverständnis des Menschen. Alle großen Veränderungen, Einbrüche Gottes, bedeuten Schritte, die eine Menschengruppe auf die Verwirklichung des Menschlichen hin tut.[2] Jeder dieser Neuansätze führt aus der Erstarrung in die Freiheit, aus dem drohenden Chaos in sichernde Ordnung, aus dem Elend ins Heil, aus zerstörter Gemeinschaft in neue Solidarität, aus dem Mißverhältnis zur Umwelt in die Harmonie. Die alten Ordnungen, die gesprengt werden, gründen im Willen Gottes — die Propheten des Neuen berufen sich auf ihn. So steht oftmals der Wille Gottes gegen den Willen Gottes.

Was aus dem Gesamt der Menschheitsgeschichte an verschiedenen Konzeptionen des Sozialen und Sittlichen zu erkennen ist, zeigt sich im Alten Testament (dessen Traditionskreis uns mehr prägt, als wir wahrhaben wollen) in verdichteter Form. Die Schriften des Alten Testaments spiegeln über ein Jahrtausend Menschheitsgeschichte. Darum ist auch die Frage nach dem Willen Gottes pluralistisch zu formulieren: Welche Auffassungen und Ordnungen menschlichen Seins und Sollens sind im Lauf der äußeren und inneren Geschichte Israels hervorgetreten, um sich als Wille Gottes zu präsentieren?
Wir beschränken uns im folgenden auf die Frage nach den Ursprüngen des Gottesrechts in der patriarchalischen Gesellschaft, seine Adaption im Jahwebund der Königs- und Prophetenzeit, und die Entscheidung nachexilischer Zeit, die den Willen Gottes zur selbständigen Größe

macht, zum Machtmittel und zum starren Gefüge, das vom Menschen Gehorsam fordert. Mißverständnisse zwischen oben und unten, unter deren Nachwirkungen wir leiden; doch korrigieren oder frei werden wir nur, wenn wir versuchen, sie zu verstehen.

Eine patriarchalische Gesellschaft

Wer nach den Ursprüngen der Verhaltensregeln fragt, die im Alten Testament unter der Autorität Gottes stehen, braucht nicht im Himmel zu suchen. Er wird zurückverwiesen auf das Volk Israel, das sich in historisch fixierbarer Zeit in Palästina ansiedelt, und weiter zurück in jene halbnomadische und nomadische Gesellschaft, der die Sippen entstammen, die zu dem Volk verschmelzen, das sich als »Gottes Volk« versteht.

Die Großfamilie oder Sippe (wie man sie etwa in Jemen heute noch findet) ist die ursprüngliche soziale Gruppe. Das Familienoberhaupt, der Patriarch ist verantwortlich für alle, die mit ihm leben. Er gilt als Garant und Urheber der Spielregeln, die für das Zusammenleben gelten. Er selber freilich hat diese Spielregeln von seinem »Vater« übernommen, die Söhne haben sie zu lernen.

Gewiß stammen solche Grundsätze menschlichen Zusammenlebens ursprünglich von einzelnen, die (manchmal gleichzeitig und unabhängig voneinander) ihre Einsicht in Natur und Wesen des Menschen formulierten, ohne darüber abstrakt theoretisch zu reflektieren. Wir wissen keine Namen, doch das wiegt wenig, angesichts der Einsichten, die wie ein ins Wasser geworfener Stein Kreise zogen und Bewußtsein bildeten.

Gott als Garant menschlicher Normen

Im Sippenverband werden die verbindlichen Lebensordnungen von Generation zu Generation, von Mund zu Mund in kleineren Aufzählungen weitergegeben. So entsteht die allgemeingültige Norm für Gut und Böse.

Der Patriarch weiß sich der Autorität und dem Schutz seines Gottes unterstellt. Die Sippenordnung als konkret geltende Rechtsordnung ist gleichzeitig die von Gott sanktionierte Ordnung. Über die Selbstverständlichkeit einer solchen Gleichsetzung mag sich ein Heutiger wundern. Doch man wird diese Voraussetzung eher akzeptieren, wenn man bedenkt, daß es für den alttestamentlichen Menschen die Gottesfrage, wie sie sich uns stellt, nicht gibt. Gott existiert. Der Mensch lebt mit ihm, Gott lebt mit dem Menschen. Der einzelne, der Stamm, das ganze Volk können sich nur von ihm her verstehen, ihre Geschichte nur von ihm her deuten. Daneben gibt es keine ‚säkulare' Geschichtsschreibung; es gibt auch kein ‚säkulares' Leben. Ein Symptom, das sich in der Sprache niedergeschlagen hat: Im Hebräischen gibt es kein Wort, das sich mit dem decken würde, was wir im allgemeinen unter ‚glauben' verstehen. Das biblische Wort meint: treu sein, trauen, sich verlassen auf, sich als verläßlich erweisen.

Die Stämme, aus denen das Volk Israel entstand, sammeln sich um Jahwe als ihren Gott. Um den einen, neben dem es keinen anderen für sie gibt. Mit ihm sind die Väter in die Freiheit gezogen, in seinem Bund leben die Nachkommen. Sie leben nicht nach neuen Regeln, sondern nach dem alten Sippenethos, das sich als ‚gut', und das heißt: dem Menschen entsprechend, bewährt hat.

»Es bedarf keines besonderen Aktes von seiten Jahwes, um das Gute und Richtige zu ‚offenbaren'. Aber Jahwe nimmt selbstverständlich als der alleinige Herr Israels das Elterngebot, die Verbote zu stehlen, zu morden, die Ehe zu brechen oder sonstwie die Gemeinschaft der Menschen zu zerstören, unter seinen Schutz. Es bedarf keiner geschichtlichen Tat Jahwes, um diese Substanz des Ethos zu enthüllen. Sie ist in gewissem Sinn ungeschichtlich und manifestiert sich fortwährend in den menschlichen Sozialordnungen. Notwendig aber ist es, daß diese guten Ordnungen in ein Verhältnis zu Jahwe gestellt werden, daß Jahwe die Schirmherrschaft über sie übernimmt. Es

gibt für Israel kein unpersönliches, sich selbst zum Siege bringendes sittliches Gesetz. Das Gute ist personenbezogen, Jahwe und die Menschen sind seine Wächter.«[3]
Wir können also davon ausgehen, daß die israelitischen Sippenverbände, die zum Volk zusammenwuchsen, das sich zu Jahwe, dem für die Menschen da-seienden Gott, bekannte und sein Verhältnis zu diesem Gott als Bund interpretierte, auch ihre Rechtssätze in die sich neu bildende soziale Gemeinschaft einbrachten.[4] Was in Israel als Gottesrecht gilt, ist zunächst im Volksstamm und seiner Kultur verwurzelt, — nicht in der Offenbarung. In den biblischen Büchern finden sich mehr als nur Spuren dieses frühen Rechts. Frühe Sammlungen entstehen, die zum Teil in die Quellenschriften der fünf Bücher des Mose eingegangen sind, doch trotz der Verklammerung mit dem neuen Kontext, trotz mancher Überarbeitung, Erweiterung und Anpassung immer noch als solche erkennbar sind. Sie erheben den Anspruch, in Namen und Autorität Gottes für das Volk Israel zu gelten: zum Beispiel das sogenannte ‚Bundesbuch' (Ex 20,22—23,19)[5], das wie die Sammlung Dtn 22—25 die gegenseitige Verantwortung für die Gemeinschaft einhämmert, oder das, nach seinem Anfang ‚Seid heilig' benannte, Heiligkeitsgesetz (Lev 17—26)[6]

Gebote für Menschen

Die meisten dieser Rechtssätze beziehen sich nicht auf den Kult oder auf Forderungen, die Gott für sich erheben würde, sondern auf das tägliche Leben innerhalb der sozialen Gruppierungen, auf den Umgang mit Menschen und Dingen, vor allem zunächst auf den Familien- und Volksgenossen.
Mord (Ex 20,13), Raub (Ex 20,15) und falsche Zeugenaussage (Ex 20,16) werden als Übergriffe auf das Recht des anderen entlarvt; Betrug, Lüge und Meineid vergiften das zwischenmenschliche Klima, sie verunsichern Menschen, die miteinander leben müssen, sie werden ge-

achtet (vgl. Lev 19,11 b; Dtn 25,13 f). Der Sexualbereich, der in der Großfamilie eine entsprechende Rolle spielt, wird breit aufgefächert. In Lev 18 findet sich ein ganzes Summarium, das sexuellen Übergriffen wehren und den Frieden innerhalb der Wohn- und Wirtschaftsgemeinschaft sichern soll. Wer diese Sexualordnung liest, wird zunächst feststellen, daß sie, gesellschaftlich bedingt, an die Adresse des Mannes geht. Doch auch die menschlichen Rechte der Frau sind — in den Grenzen paternalistischer Kultur — keineswegs so schlecht gewahrt, wie man gerne annimmt; denn in doppeltem Sinn ist für die ‚alleinstehende' Frau gesorgt, indem man ihre Zugehörigkeit zur Familie wie ihre Zugehörigkeit zu einem Mann zu regeln suchte. Von sexueller Unterdrückung oder Tabuisierung ist nichts zu spüren. Wir haben hier den Versuch einer bestimmten Zeit, für einen Lebensbereich des Menschen menschliche Regelungen zu finden.

Von der bestehenden Sozialordnung aus wird das Verhältnis zu ‚Randgruppen' geregelt: Die Loyalitätspflicht Vater und Mutter gegenüber wird eingeschärft (Ex 20, 12); Alte (Lev 19,22), Verkrüppelte (Lev 19,14), Unterprivilegierte und Sippenlose werden in das Koordinatensystem der geltenden Ordnung einbezogen. Ebenso wird nach der Landnahme das Besitzrecht für Grund und Boden geregelt (Dtn 19,14); es entstehen Vorschriften für Ernte und gemeinsame Arbeit (Lev 19,9 f).

Alle diese Vorschriften und Lebensregelungen lassen sich auf zwei Grundsätze bringen. Auf ihrer Basis interpretiert und praktiziert Israel den Willen seines Gottes:

1. Der Mensch versteht sich als auf den Mitmenschen bezogen — jeder soll die Möglichkeit haben, seine Rechte zu wahren.
2. Der Mensch versteht sich als für den bedürftigen Mitmenschen verantwortlich — aus dieser Einsicht wird menschliche Solidarität gefordert.

Von der äußeren Form her lassen sich unschwer zwei Arten biblischer Rechtssätze unterscheiden. Die einen bezeichnen einen Fall; sie sind für den Rechtsstreit, den Prozeß geschaffen: Ein bestimmter Täter ist vorausgesetzt, ebenso ein umschriebener Tatbestand, für den eine Strafe festgelegt ist. Sache des Sippenoberen, des Ältesten ist es, abzuwägen, ob der vorliegende Tatbestand sich mit dem Rechtssatz deckt, und die dafür festgesetzte Strafe zu verhängen.[7] Ein Beispiel von vielen:

»Wenn Männer miteinander streiten, wenn einer den anderen mit einem Stein oder einer Hacke schlägt, so daß er zwar nicht stirbt, aber liegen muß — wenn er dann wieder aufsteht und an seinem Stock umhergehen kann, so bleibt der Schläger straffrei, nur sein Daheimsitzen soll er bezahlen, und für seine Heilung aufkommen« (Ex 20,18—19).

In solchen Sätzen werden die mehr oder weniger verwikkelten Konflikte des Alltags eingefangen; Weisung wird gegeben; sie läßt sich übertragen. Auch in der Umwelt Israels waren dieselben oder ähnliche ‚kasuistische' Rechtssätze bestimmend. Daneben und dazwischen finden sich andere, absolut formulierte Rechtssätze. Sie richten sich an alle, jeder wird direkt angesprochen; jeder könnte ein möglicher Täter sein; jeder hat diese Sätze zu lernen und zu akzeptieren, auch ohne daß er eine entsprechende Tat begangen hätte. Diese absoluten Gebote und Verbote können sich auf ‚Kapitalverbrechen'[8] beziehen, aber auch auf die Bereiche des menschlichen Lebens. Auch sie tragen teilweise den Stempel von Umwelt und Kultur.

Eine Frau soll nicht Männerkleidung tragen (Dtn 22,5).
Pflüge nicht mit Ochs und Esel zugleich (Dtn 22,10).
Verachte nicht den Edomiter (Dtn 23,8).
Liefere den Sklaven nicht an seinen Herrn aus (Dtn 23, 16).

Lege deinem Bruder keine Zinsen in Geld oder Naturalien auf (Dtn 23,20).
Du sollst den Lohnarbeiter, den armen und mittellosen nicht bedrücken (Dtn 24,17).
Du sollst nicht zweierlei Gewichtsteine in deinem Beutel haben (Dtn 25,13).
Hasse deinen Bruder nicht in deinem Herzen. Zahle nicht Unrecht mit Unrecht heim. Grolle deinem Nächsten nicht. Liebe deinen Nächsten wie dich selbst (Lev 19, 17—18).
Du sollst deinen Nächsten nicht übervorteilen und berauben. Den Lohn des Arbeiters darfst du nicht bis zum anderen Morgen bei dir behalten. Einen Stummen darfst du nicht verfluchen, einem Blinden kein Hindernis in den Weg legen (Lev 19,13 f).
Man muß sich fragen, ob ein an der Erfahrung gemessenes System von Verbotstafeln genügt, um auf Dauer ein intaktes Leben zu ermöglichen. Oder sollte der Mensch unter der Glasglocke, der nichts riskiert, sich nicht engagiert, sich konformistisch anpaßt und sich dabei gewiß genügend Spielraum für seine Privategoismen reserviert — sollte dieser Mensch Wunsch und Wille Gottes sein? Es genügt nicht, ‚das Böse' zu meiden. ‚Tue das Gute!' (Jes 33,15) lautet der Imperativ, für den die Propheten eintreten. Zum Guten kann ein Prophet auffordern, befehlen läßt es sich nicht. ‚Das Gute', das getan werden will, verlangt innere Einsicht, Sensibilität für die Umstände und den anderen Menschen, Identifikation, Verlagerung von Werten, Neudenken, ‚Umkehr'.

Bürger, Autoritäten und Propheten

Das Eindringen in Kanaan, das Seßhaftwerden unter einem fremden Volk, das Suchen nach eigenen staatlichen Organisationsformen bedeutet für die Israelstämme eine Umwälzung, deren Ausmaß man sich erst vergegenwärtigen muß: Sie verlieren ihre Gesellschaftsstruktur, wech-

seln von einer Kultur in eine andere. Ein Nomadenvolk wird seßhaft, wechselt von der Weide zum Acker, vom Zelt ins feste Haus. Aus Hirten und Jägern werden Bauern und Städter, Händler und Richter. Die einen ‚setzen sich durch', passen sich schneller an die neuen Gegebenheiten an, sie werden reich. Die anderen bleiben auf der Strecke, sie bleiben arm oder werden es, weil sie nicht gewandt genug sind, die Situation zu nützen.
Auch nach Kanaan bringt Israel seine Rechtssätze mit. Doch das in diesem Land geltende Recht ist weiter entwickelt, den Umständen angepaßt. Im Land gibt es eine bodenständige Kultur, einen festen Kult, bewährte Feste, landeseigene Götter, staatliche und stadt-königliche Ordnungen, Reichtum und Armut wie sie nur dort vorkommen, wo viele Menschen eng beisammen leben. Die Umstände treiben Israel in den Schmelztiegel der Anpassung. Welche Kraft bewahrt das Volk davor, in dieser Kulturrevolution seine Eigenart zu verlieren? Woher kommen die Impulse, die stark genug sind, Israel selbst zum Staat werden zu lassen, ihm Durchsetzungsvermögen in der Umwelt geben? Eine Geschichte als selbständiger Staat ein halbes Jahrtausend lang durchzuhalten, bis schließlich die Weltmacht Babel auf ihrem Expansionszug auch Israel erreicht? Jahwe ist die Kraft, aus der das Volk lebt. Er ist der Lebendige, der Dynamische, der Anwesende, ein Gott, der das Bild verbietet.
In seiner Autorität erklingen Worte wie: »Werdet nicht den Völkern gleich!« »Ihr seid mein Volk!«. »Seid heilig!«. »Habt keine anderen Götter neben mir!«

Israel erfährt und versteht Jahwe als Herrn und als König. Nicht aus eigener Kraft kann es der neuen Situation standhalten. Jahwe hält seine Hand über den Schritt in das neue Leben in Kanaan.[9]

Der Konflikt ist für Israel so unausweichlich, wie er es für jedes andere Volk in gleicher Situation gewesen wäre. Auf der einen Seite steht der lebensnotwendige Zwang zur Anpassung, zum Fortschritt: Von Steinwaffen zu eisernen, vom Tauschhandel zur Metallwährung, zur Geldwirtschaft; aus einer überschaubaren in eine differenzierte Gesellschaft, aus der Selbstbestimmung der Sippe in die Hierarchie eines Staates. Auf der anderen Seite die ebenso lebenswichtige Forderung, das eigene Selbst, den eigenen Gott nicht zu verraten; die neuen Werte nicht absolut zu setzen, sie zu durchschauen, sich offen zu halten für den Anruf des lebendigen Gottes im Jeweils des Augenblicks; die Verantwortung für den anderen nicht zu vergessen in der Betörung durch Erfolg und Besitz; sich nicht selbst zuzuschreiben, was doch nur Lehen ist.

Die biblischen Bücher geben kein lückenloses, aber doch ein ziemlich eindringliches Bild von der Geschichte Israels in den Jahrhunderten nach der Einwanderung. Wir erfahren aus ihnen auch, wie ihre Autoren diesen Weg vom Königsvolk Gottes zum Knechtsvolk an Babylons Flüssen interpretieren (vgl. Ps 137,1): Israel hat dem Druck von außen nicht standgehalten. Es ist der Versuchung der Angleichung an die religiöse und politische Umwelt erlegen. Das historisch Selbstverständliche also soll ein Volk ins Unheil, ins Gottesgericht geführt haben.

Doch nicht nur die Anpassung an die neue Umwelt führt die Menschen Israels nach dem Urteil der biblischen Autoren zum Selbst- und Gottesverrat. Dafür wird vor allem eine politische Institution in Israel selber verantwortlich gemacht: das Königstum.

Zur Landnahmezeit bildete Israel einen sakralen Stämmeverband, der seine Autorität in den ‚Richtern' hatte. Sie waren Hüter und Sprecher des Gottesrechts im sakralen wie im bürgerlichen Bereich. Jahwe selbst ist Herr und

König seines Volkes; er verlangt in konkreter Notsituation, daß das Volk ihm vertraue und dies Vertrauen im Warten bewähre, bis er einen Retter wecke. Man sollte diese großartige Utopie vom Reich und der Herrschaft Gottes durchdenken, ehe man sie realistischeren und handlicheren Regelungen opfert. In Israel jedenfalls gab es bald eine Partei, die für ein verfügbares Machtinstrument plädierte, für einen starken Mann an der Spitze, der fähig sein sollte, Macht nach außen zu demonstrieren. Auch in der eigenen politischen Organisation gleicht sich Israel seiner Umwelt an und wird so zum Staat nach dem Vorbild anderer orientalischer Staaten damaliger Zeit.

Institutionalisierung der Gesellschaft

Um des politischen Machtvorteils willen gibt man die Gottesbürgerschaft unter dem König Jahwe auf. Man beginnt an die Macht der militärischen und staatlichen Institution zu glauben und sieht in ihr eine verläßlichere Garantie für Recht und Ordnung als im Wagnis des Glaubens an das Treuwort Gottes.

Die Königsliste Israels unterscheidet sich wenig von denen anderer Völker: Nach einem ersten mißglückten Versuch, für den Sauls Name steht, gelingt es David, ein Reich zu schaffen; Salomo baut einen Tempel, erprobt die Möglichkeiten von Wohlstand und Macht in der Hand eines lebensklugen Mannes; er ist bereit, Gott das Seine zu geben und organisiert Kult und Priesterschaft. Die Sammlungen der Gebote und Verbote lösen sich endgültig von ihrem Ursprungsort ‚Sippe' und gehen in die Verwaltung von Institutionen über. Die für den Kult Verantwortlichen wahren gültige Normen, gottesdienstliche Texte entstehen in ihren Kreisen, Schuldbekenntnisse oder Unschuldsbeteuerungen, damit der einzelne Rechenschaft gebe vor Gott. Die Sippenordnung wird angepaßt und weiterentwickelt. Staatliche und priesterliche Funktionäre werden ihre Garanten, Weise mühen sich um ihre Interpretation. Die großen Überlieferungsströme beginnen. Israel gelang es in relativ kurzer Zeit, sich im Kreis der organisierten Kleinstaaten seiner Umwelt durchzusetzen. Ein Ziel, das seine Opfer fordert: Fremde Königinnen, fremde Götter — ein Kompromiß außenpolitischer Klugheit; der Staatsapparat verselbständigt sich und fordert seine Sklaven: Steuern von freien Bürgern, Arbeitskolonnen im Dienst von Entwicklungsplänen, Zwangsarbeit zur Befestigung, Industriemonopole, eine differenzierte Verwaltungsapparatur zur Stütze der Autorität. Auch mit Gott versucht man, sich zu arrangieren: Priesterfamilien, Sonderrechte für Kultbeamte, Tempelsteuer, Opfervorschriften, geregelte Festzeiten. Noch nie hat sich ein wohlorganisierter Staat mit pneumatisch-dynamischem Gottesdienst vertragen. Was organisiert ist und Regeln hat, läßt sich prüfen, manipulieren, überwachen. Israel hat nicht versagt, weil es den Fortschritt wagte, den Schritt in die Zukunft tat. Israels Versagen gründet darin, daß es ihm nicht gelang, die neuen Gesellschafts- und Lebensnormen dem eigenen Selbst- und Gottesverständnis einzugliedern. Im Wesen des Menschen liegen die Möglichkeiten zur Veränderung seiner Lebensbedingungen, die Fähigkeit zur Anpassung, zum Lernen, zum Fortschritt, zur Erfindung, zur Technik, zur Stadt, zu differenzierten Gesellschafts- und Kultformen. In ihnen entfaltet sich der Mensch; er emanzipiert sich, wird selbständiger. Doch durch sie kommt er auch in Gefahr, den Zwängen und Eigengesetzlichkeiten seiner Werke zu erliegen; der Herr kann zum Knecht werden. Alles, was wir als Zwänge einer repressiven Gesellschaft kennen, hat auch Israel erlebt: Macht wird um der Macht willen geübt; Besitz kann zum Zwang werden; man kann entdecken, daß Besitz Macht gibt über andere Menschen; wo Erfolg und Leistungsdenken oben an der Skala der Werte stehen, werden Rücksicht und Menschenwürde überwuchert; Frauen und Kinder gelten nichts; Arme, Gescheiterte, Alte und Krüppel werden abgeschoben oder ausgestoßen.

Gott plädiert für das Humane

In dieser Situation, da einzelne, Gruppen und Stände im Rausch der Macht und das Machbaren befangen sind, erheben Sprecher Gottes ihre Stimme und künden ihn als Anwalt des Menschlichen und Sozialen. In dieser Rolle treffen wir die Propheten; nicht zufällig treten sie in der Königszeit Israels auf.
Sie erfahren und wissen, daß Menschsein, Mitmenschlichkeit, Eintreten für Wahrheit und Gerechtigkeit nicht selbstverständlich sind, sondern immer eine Forderung bleiben, eine Last. Sie haben wenig Erfolg, gemessen an der Wucht ihrer Worte und an der Intensität ihres Engagements. Trotzdem verstummt keiner der Propheten. Sie halten den Glauben an die Veränderlichkeit des Menschen auf Gott hin offen. Sie reden und handeln nicht auf eigene Rechnung, sie verstehen sich als Agenten des Gotteswillens. ‚Gottes Geist' treibt sie.
Prophetische Kritik setzt bei den gegenwärtigen Mißständen ein: soziale Ungerechtigkeit, unmenschliche Kriegführung, rücksichtslose Eroberungsfeldzüge, institutionalisierter Religionsbetrieb, Bundesbruch, Baalskult, Gottesverrat. Die prophetische Botschaft trifft nicht Israel allein. Die Gerichtssprüche des Amos etwa richten sich direkt an die Nachbarvölker, ihre Vernichtungskriege, ihre Massendeportationen, Vertragsbrüche, Vergeltungspolitik, Mord von schwangeren Frauen und wehrlosen Kindern. Eindeutig und unzweifelbar bezieht Gott Stellung für die im Krieg Getöteten, die Deportierten, die Entrechteten, er verteidigt die Opfer blinder Rache, die Wehrlosen und sozial Unterdrückten. Er engagiert sich nicht für oder wider ein glänzendes Königtum, einen gut funktionierenden Staats- oder Kultapparat; aber er engagiert sich für jeden wehrlosen Menschen, der in Gefahr gerät, einer Institution zum Opfer zu fallen; er engagiert sich gegen die ‚Mächtigen', die dem Zauber der Organisation erlegen sind; denen reibungsloses Funktionieren mehr bedeutet, als der Pro-

test eines Menschen. Prophetische Reden wollen Verkrustungen aufreißen, Entwicklungsmöglichkeiten offenhalten, zum Experimentieren mit dem Menschlichen auffordern. Darum entlarven sie Scheinwerte, geißeln die Ungerechtigkeit und Hartherzigkeit im Profitdenken ihrer Zeitgenossen, denen der Nächste weniger gilt als ein Paar Schuhe. Grundstücksmakler, Ausbeuter, bestechliche Richter werden angeprangert. Im Auftrag Gottes zerschlagen sie selbstgebastelte Sicherheiten, entlarven die egoistischen Motive von Institutionen, die ihren Sinn mehr im reibungslosen Funktionieren als im Nutzen für Menschen haben, sie legen die brüchigen Grundlagen eines zur Gewohnheit gewordenen Erwählungsglaubens, eines zur ‚Einrichtung' gewordenen Kultes bloß.
Der Wille Gottes und das Maß seiner Durchsetzung ist daran zu messen, ob es dem Menschen ermöglicht wird, ohne Angst zu leben, seine Freiheit zu verwirklichen, die Freiheit des anderen zu achten, daß Solidarität mit dem Unterprivilegierten nicht mehr des Aufschwungs der ‚guten Tat' bedarf, sondern selbstverständlich ist.
Die Propheten drohen ‚Gericht' an — die Nichtdurchsetzung des Gotteswillens wird mit ‚Strafe' verknüpft —, sie sprechen von geschichtlich sich ereignenden, meist politischen Katastrophen. Ihre Drohbilder haben sich nur zum geringsten Teil erfüllt, und nach aller politischen Vernunft wäre Israel in jedem Fall von den Großmächten niedergewalzt worden. Hinter dieser prophetischen Geschichtsdeutung, die Krieg und Niederlage als Gottesstrafe interpretiert, steht die tiefe Wahrheit, daß der selbstentfremdete Mensch sich die eigene Zukunft verbaut.

Die Propheten stehen für den Gerichtswillen Gottes. Sie treten auch für die Chance ein, die Gott dem Menschen in jedem Fall offenhält. Der Zirkel, den theologische Begriffe mit Worten wie ‚Sünde' — ‚Strafe' — ‚Verdammung' beschreiben, ist nicht geschlossen. Gott selbst hält ihn offen. Auch wenn ein Mensch bereit ist, überzeugt von der eigenen Schuld, sich selber aufzugeben, hält

Gottes Vertrauen in die Veränderbarkeit des Menschen durch. Gott ist nicht nur bereit, den eigenen Beschluß zu ändern, Strafe abzuwenden oder aufzuheben, er gibt dem einzelnen, der Gruppe, dem Volk, der Menschheit jede Chance, auf Umwegen das zu verwirklichen, was Menschen im Bund mit Gott sein und werden können.

Mißverständnisse zwischen oben und unten

Prophetische Botschaft macht deutlich, daß Gott und Mensch eine gemeinsame Geschichte haben. Gott hat sich hineinverwickelt in Glück und Unglück, in alle Versuche menschlicher Selbstverwirklichung. Doch gerade prophetisches Schicksal läßt erkennen, welche Widerstände der Mensch entwickeln und aufrechterhalten kann. Steht der Mensch sich selbst im Wege? Will er das ‚Böse'? Letztlich scheitern die Propheten, scheitert auch Gott am Gewissen seiner Partner. Denn das läßt sich nicht aufstören. Es scheint die Ruhe zu lieben, das Dämmern und Schlafen auf den Polstern der Konventionen; es beruft sich auf unerschütterliche Grundsätze, auf heilig gehaltene Pflichten; es kann sich hinter einer Ideologie verschanzen, einer Heilslehre, die das Denken und das Gewissen ihrer Gläubigen in eine unansprechbare Starrform versetzt. Solch unilinear und ein für allemal fixiertes Gewissen befindet sich in ungestörter Eintracht mit sich selbst; wie ein Fahrzeug mit festgeschraubtem Steuer geht es seinen Weg — selbst über Leichen, und nichts ficht es an, solange es nur grundsatzgetreu, pflichtgemäß und linientreu handelt. Dieses Gewissen verfügt über eine eigene Optik und Akustik, eine sein Sehen und Hören regulierende Schaltvorrichtung, die eine partielle Einschränkung seines Sehfeldes und Schallraums bewirkt: Ein Sehen und doch nicht Sehen, ein Hören und doch nicht Hören. Das Phänomen heißt biblisch »Verstockung«, ein wie immer verschuldetes oder schicksalhaft verhängtes Schwinden des Wahrnahmesinns und Erfahrungsvermögens für das Ganze der menschlichen und göttlichen Wirklichkeit in Geschichte und Kosmos. Nicht daß der Verstockte wissentlich das Böse wollte! Jerusalem zur Zeit Jesu hatte heiliges Erbgut zu hüten und zu erhalten, und — um gerecht zu sein, ist zu sagen — gerade auch um dieses Gutes willen wurde es zum Bollwerk, das sich des größten Angebotes von seiten Gottes erwehrte — mit gutem Gewissen. War es denn immer nur das schlechte Gewissen der ‚Bösen', nicht zuletzt und gerade auch das gute der ‚Gerechten', das sich dem prophetischen Anruf, der Zeitstimme Gottes verschloß? So geschieht immer neu der Zusammenstoß eines auf den Zeitanruf Gottes horchenden Prophetengewissens mit dem gebundenen Gewissen, das vor der einmaligen Chance eines radikal neuen Anfangs auf dem Weg des Menschen zum Menschlichen zurückschreckt. Warum verlangte das eben aus pharaonischer Knechtschaft befreite Israel nach den Fleisch- und Gemüsetöpfen Ägyptens zurück, und warum steinigt und tötet Jerusalem die Propheten, die es aus alten, zu immer neuen Katastrophen führenden Zwängen heraus in die Freiheit und zum Frieden Gottes rufen! Der Widerstand scheint tief im Menschen zu sitzen. Vielleicht in der Angst vor dem Schritt in eine Zukunft, die ihm sein So, wie es ist, und sein Selbst, wie es sich behaupten möchte, kosten würde? Es ist, als ob sich der Mensch gegen den letzten Schöpfungsakt sträubte: Die Entlassung in die volle Freiheit der Kinder Gottes, die Vollendung seiner Art, die jetzt schon, wie vorgreifend in der Freiheit des *ama et fac quod vis-Gewissens*[10] einzelner Menschen erscheinen kann.

Von der Lebensgemeinschaft zur Kultgemeinde

Israel zog nach Babylon, das Judentum kam zurück; die Propheten verstummten, das Gesetz wurde zur Autorität. Mit diesem Satz läßt sich ein Abschnitt jüdischer Geschichte zusammenfassen. Doch auch diese Entwicklung ist das Ergebnis von Umständen und Entscheidungen.

Im allgemeinen hält man die Eroberung Jerusalems durch Babylons Truppen (587 v. Chr.) für eine der großen Katastrophen in der Geschichte Israels: Die Bundeszusagen sind in Frage gestellt, das gottverbürgte Land verloren, der heilige Tempel in fremder Hand, das Könighaus Davids entthront, die Götter Babylons Sieger über Jahwe, die Nachkommen Abrahams unter den Heiden.

Doch auch diese Katastrophe hat, wie jede, ihre Chancen. Unter dem Druck der Verhältnisse muß Israels Glaube sich wandeln. Lebens- und Frömmigkeitsmodelle, an denen man dem prophetischen Wort zum Trotz festgehalten hatte, zerbrechen unter dem Druck der Ereignisse. Israel erfährt die Geschichtlichkeit menschlicher Entscheidungen, die Überholbarkeit von Formulierungen, Glaubenssätzen und Gottesbildern. Theologien und Frömmigkeitsformen müssen sich ändern, sonst werden sie zu weiteren mit heiligem Staub bedeckten Gegenständen im großen Museum theologischer Altertümer und verlieren ihre Funktion als gültiges Maß von Erfahrungsdeutung und Weltbewältigung.

Im Exil hat Israel zu lernen, daß Gott nicht an Jerusalem, auch nicht an Israel allein gebunden ist; es hat zu lernen, daß er nicht auf Opfer und Tempelkult angewiesen ist. Nehmen die Verbannten diese Chance wahr? Die Tatsache, daß man sich auch jetzt an das Handgreifliche hält, daß bisher nebensächliche Bräuche wie das Schächten, die Beschneidung, das Sabbatgebot, die Vorschriften ritualer Reinheit in den Mittelpunkt rücken und zur Glaubensfrage erhoben werden, spricht dagegen.

Die Erwartung der Exilsjuden ging wohl nicht über den Wunsch hinaus, Bisheriges wiederzugewinnen: Aufbau des Tempels, Leben im Land, Königtum, alte Kult- und Organisationsformen wieder in Gang zu setzen. Dafür sammelt man alle Überlieferungen, vor allem die den Kult betreffenden, um gerüstet zu sein für den Tag X. Zur selben Zeit durchbricht die Stimme Deutero-Jesajas all diese Erwartungsklischees und plädiert für eine neue Zukunft mit Gott. Das Edikt des Cyrus (538 v. Chr.), das den Rückweg frei gab, scheint den Propheten zu bestätigen. Doch statt eines Triumphzugs, eines zweiten glorreichen Wüstenzugs, begann ein Marsch, der von Enttäuschung zu Enttäuschung führte. Keine Spur sichtbarer Hilfe Gottes, ein verstepptes Land, Armut, Trümmer, wirtschaftliche Not, Streit um Besitz, ein übles zwischenmenschliches Klima, und keines der Völker, deren Kommen Deutero-Jesaja angesagt hatte, brachte auch nur einen Bruchteil seines Reichtums nach Jerusalem. Auch die Stimme der späten Propheten Haggai und Sacharja vermochten mit ihrer Botschaft vom Kommen Gottes nur kurzfristig über die Krise hinwegzuhelfen.

Institutionalisierte Gemeinde

Das nachexilische Judentum ist Erbe einer langen Geschichte des Fortschritts, gesellschaftlicher und kultureller Wandlungen. Die Rückkehr zur vorstaatlichen Sippenordnung ist ihm ebenso verwehrt wie der Aufbau einer eigen verwalteten und verantworteten Staatsform. Auch an diesem Punkt wird die Geschichte Israels unausweichlich von den Umständen diktiert. Die Bindung an Gott bleibt die einzige Norm, um ein Volk zusammenzuhalten, das im herkömmlichen Sinn diesen Namen nicht mehr verdient. Ein Volk, das seine Zukunft darin sieht, Kultgemeinde zu werden; die Synagoge formiert sich. Wird sie den unter die Völker Zersplitterten die Überlebenschance garantieren können, einzig aus der Kraft des Bekenntnisses zum lebendigen Gott?
Genügt das, was Israel im Exil gelernt haben könnte, um Bindung und innere Sicherheit zu schaffen? Weitung des Gottesverständnisses und Ökumene hatten sich angebahnt. Das Programm der Heimgekehrten dagegen will sichtbare Resultate. Es konzentriert sich auf Häuser-, Tempel- und Mauerbau, den Skandal der Mischehe, auf die Einhaltung von Sabbat- und Abgabenordnung. Kleinliche Bastionen werden errichtet, und das zu einer

Zeit, da der Dritte Jesaja (Jes 55—66) das Heil Gottes ausruft.

Warum ist Gott so wenig Wirklichkeit geworden? Warum ist der Mensch — jedesmal wieder — rasch bereit, sich hinter die Mauern selbstgebauter Gettos zurückzuziehen? Warum müht er sich so ängstlich um die Konstruktion einer Einbahnstraße zum Heil, die keine Abweichung nach rechts oder links möglich macht? Fürchtet er sich vor den Möglichkeiten Gottes? Ist die Beharrungskraft des Menschen stärker als Gottes Wille zur Veränderung? Es ist müßig, darüber zu spekulieren, für welche Verfassungsutopien und Realitäten sich die jüdische Gemeinde damals hätte entscheiden können und was dann aus ihr geworden wäre. Die Entscheidung fiel für das Gesetz.

Die Verpflichtung auf das Gesetz des Mose, in der Überlieferung an die Reform des Esra gebunden, schafft den Kern für den vielgelästerten ‚Zaun des Gesetzes', in dessen Grenzen die jüdische Gemeinde sich fortan hält. Aus ihm werden Regeln und Vorschriften abgeleitet, an die man sich halten kann, und an die man sich halten muß, um Gottes und der eigenen Art sicher zu sein. Eine unheilige Entwicklung beginnt unter frommen Vorzeichen. Ein Gesetz läßt sich nicht leichthin ändern, willkürlich manipulieren oder anpassen. Einmal verkündet und fixiert muß es seinem Wesen nach zur eigenständigen, starren Autorität werden. Es muß seine bewahrenden, Leben ermöglichenden, aber auch Leben tötenden Kräfte entfalten.

»Als allezeit und ohne Einschränkung gültiges, göttliches Statut ist das verabsolutierte Gesetz zum Existenzgrund und zum einigenden Band des gesamten Judentums geworden. Auf diesem Fundament erwachsen nach dem Exil Priesterstaat und Kultgemeinde in Jerusalem, wurde die strenge Scheidung zwischen Juden und Fremden vollzogen (Esra, Nehemia), vermochte das Judentum Jahrhunderte später auch die Zerstörung Jerusalems und des Tempels zu überstehen, blieb die jüdische Diaspora vor Überfremdung durch die heidnische Umwelt bewahrt und brach die Einheit zwischen beiden, Diaspora und jüdischem Mutterland, nicht auseinander. Die auf das Gesetz begründete Synagoge übernahm und verwaltete das zuvor in geheiligten Institutionen eingebettete Erbe. Dieser erstaunliche Prozeß kann freilich über die tiefgreifenden und folgenschweren theologischen Veränderungen im Bild des späteren Judentums gegenüber dem Israel von einst nicht hinwegtäuschen: Lehre und Frömmigkeit konzentrieren sich von nun an auf den strikten Gehorsam des einzelnen gegenüber dem überlieferten Buchstaben als Vorbedingungen für Segen und Fluch, Lohn und Strafe unter dem Dogma der individuellen Vergeltung.«[11]

Gott unter dem Gesetz

Vor dem Exil gab es ‚das Gesetz' nicht. In den ältesten Überlieferungen finden wir Rechtssätze, Gebot und Verbote, Grundregelungen, an die sich ein Volk hält, das seinen Gott nahe weiß, seine Taten erfährt, sich zu ihnen bekennt; durch das eigene Verhalten diesem Gott zu entsprechen sucht. Jahwe selber, der ‚Ich-bin-da' ist das Lebensgesetz dieses Volkes. Ein Lebensgesetz, das sich nicht ausrechnen, nicht manipulieren und nach eigenem Wunsch regulieren läßt. Darum kommt es zu Konflikten, Widerständen beim einzelnen wie im Volk, man weicht vom Weg ab, man bricht den Bund, man tut nicht, was recht ist in den Augen Gottes. Gott kann sich nicht durchsetzen, denn die dem Menschen jeweils mögliche Selbst- und Situationserkenntnis entspricht nicht dem Augenblick der geforderten Entscheidung. Gott wird Änderung schaffen. Jeremia (Jer 31,31—34) tritt für einen neuen Bund der Zukunft ein. Er wird sich vom früheren unterscheiden, den Widerstreit zwischen Gottes und des Menschen Willen von innen her aufbrechen, Wille und Plan Gottes werden dem Menschen ‚eingeschaffen' sein, nichts Fremdes mehr, dem man sich verschließen oder davonlaufen könnte. Dieser Bund wird wesensmäßige Lebensgemeinschaft mit Gott begründen, spontanes Menschsein ermöglichen, tiefe Übereinstimmung über Sinn, Ziel und Weg.

Die nachexilische jüdische Gemeinde wartet nicht mehr auf diese Umwandlung der Herzen. Im Gesetz verfügt sie über einen genau definierten Weg zum Heil. Von nun an ‚fragt' man nicht mehr nach Gottes Willen, man ‚hat' ihn, schwarz auf weiß. Ein für allemal. Man braucht sich nicht mehr zu kümmern, zu warten, sich zu beunruhigen, um Gottes Anruf und Einbrüche in Leben und Situation. Ja, man wird fähig und fühlt sich bereit, die Angelegenheiten Gottes auf der Erde in eigene Verwaltung zu nehmen. Gott wird nicht mehr gebraucht. Er kann sich zurückziehen. Immer mehr wird er ‚vergöttlicht', in den Himmel entrückt. In den Schriftgelehrten erstehen ihm zuverlässige Wächter über jeden seiner Buchstaben. Im orthodox-pharisäischen Judentum bildet sich eine Partei, die nichts anderes als Gottes Sache im Gesetz auf ihr Programm geschrieben hat. Daneben verfolgt sie keine eigenen politischen Ziele. Die Sadduzäer, die Essener, die Zeloten, sie alle scharen sich um das Gesetz; sie verstehen sich als Garanten und Treuhänder des Willens Gottes.

Man braucht nicht mehr darauf zu warten, daß Gott in den Herzen lebendig werde; das Gesetz läßt sich lernen. Darum gilt die Beschäftigung mit ihm als höchster Auftrag, verdienstvoller als die Begegnung mit dem lebendigen Menschen.

In gewissem Sinn gilt das auch für Gott selber. Er wird an seinen im Gesetz fixierten Willen gebunden, auf ihn verpflichtet. Im Gesetz sind nicht nur dem Menschen Verhaltensweisen vorgegeben, sondern Handlungs- und Urteilskategorien Gottes. Jeden Tag, so weiß eine Anekdote, die mehr ist als das, beginnt Gott mit dem Torastudium: »Zwölf Stunden hat der Tag. Die ersten drei sitzt Gott und beschäftigt sich mit der Tora; die zweiten sitzt er und richtet die ganze Welt. Wenn er sieht, daß die Welt der Vernichtung schuldig ist, steht er auf von dem Thron des (strengen) Rechts und setzt sich auf den Thron der Barmherzigkeit. Die dritten sitzt er und ernährt die ganze Welt (alle Kreatur) von den Hörnern des Wildochsen bis hin zu den Eiern des Ungeziefers; in den vierten sitzt er und scherzt (spielt) mit Livjathan, wie es heißt: den Livjathan hast du gebildet, mit ihm zu spielen.«[12]

Einbahnstraße zum Heil

Wie lebt es sich als Mensch unter dem Gesetz? Was bedeutet es für das Selbstverständnis, wenn sich am nachprüfbaren Einhalten formaler Gebote entscheidet, ob einer auf Seiten Gottes steht? Die Gesetze greifen regulierend in das tägliche Leben ein. Wer sich an sie hält, erwirbt sich Sicherheit, wenn auch mühsam und unter Opfern erworben, ein Anrecht auf später einlösbaren Lohn, Stabilität. Er wird Teilhaber am Geschäft zwischen oben und unten. Frommes Tun wird als meßbares, verdienstliches Werk möglich, das man zum Kapital anhäufen, dessen Gegenwert man einfordern kann. Verstößt man, willentlich oder nicht, gegen die heiligen Vorschriften, so sind auch diese Vergehen meßbar, Sühne und Entsündung können errechnet werden. Für Zweifelsfälle, notwendige Anpassungen in veränderten Situationen sorgen die Behörden. An die Stelle der freien Partnerschaft, in der der Bund gründete, tritt das Gesetz, das zum Mittel werden kann, Gottesgemeinschaft zu fordern oder zu erzwingen. Entweder du beugst dich dem Gesetz — oder du gehörst nicht mehr dazu. Eine solche generelle Lebensregelung, die über den Augenblick und sein Problem hinaus, jeweils über Heil oder Unheil entscheidet, muß ihre Rückwirkungen haben. Ein neues Ideal, neue Tugenden bilden sich: Formale Frömmigkeit; Verzicht auf Außenseitertum, Eigenbrötelei, Phantasie und Initiative; Einpassung unter das Vorgegebene, stures Durchhalten, blinde Treue. All diese ‚Tu-

genden' können diesen Namen zu Recht tragen. Doch für den in das System gefügten Menschen können, ja müssen sie zum Verhängnis werden. Wer sich das Fragen, Entscheiden, Verantworten vom System abnehmen läßt, wird hörig. Wer ‚hörig' wird, verliert an Gehör; er verliert die Fähigkeit, die Stimmen zu unterscheiden. Je mehr das Gesetz sich verselbständigt, je minutiöser es dem Leben angepaßt wird, ängstlich darauf bedacht, jeden Zweifel auszuschließen, jeder Pflichtenkollision auszuweichen, alle nur möglichen Lebensvarianten zu regeln, um so mehr muß es zum Tabu werden. Je mehr das Gesetz aber zum Tabu wird, desto verwerflicher wird die Frage nach dem »Warum«. Sie verrät den Zweifler, den Rebellen, den Ungläubigen und wird zur »Sünde« deklariert. Wenn überhaupt, könnte ein Frager höchstens die Antwort bekommen: »Frage nicht, sei gehorsam — Gott gefällt es so!«
So wird man es nicht für einen Zufall halten, daß gerade in den Jahrhunderten vor der Zeitenwende die Frage nach dem »Warum« in den Weisheitsbüchern zum Durchbruch kommt. Hier finden wir den mühsamen Versuch, die Ordnung der Welt zu durchschauen, die Gesetze, nach denen das Leben verläuft, aufzuhellen, die Erfahrungen, die der Mensch mit sich selber macht, zu reflektieren, das Selbst und die Welt zu bewältigen. Kohelet sucht nach Gültigem im Zufallsspiel des Lebens, er stellt die Frage nach dem Sinn, Ijob fordert Rechenschaft von Gott.

Umstrittener Gehorsam

Der aufklärerische Versuch der Weisen scheitert am Gesetz. Schon im 2. Jahrhundert vor Christus werden Weisheit und Gesetz in eins gesetzt (vgl. Sir 24); die Weisheit wird domestiziert, menschliche Weisheit oder Torheit können sich fortan nur noch an dem im Gesetz dokumentierten Gotteswillen messen; das Recht auf Einsicht und Lebensverständnis wird der Tora unterworfen. Übrig bleibt das ‚Prinzip Gehorsam'.

Das Diktat geschichtlicher Ereignisse ließ dem Judentum der Zeitenwende wohl wenig Spielraum. Die Fülle der Überlieferungen, alle die verschiedenen Ansätze heilsgeschichtlichen Gottes- und Menschenverständnisses flossen im ‚Kanon' zusammen; durch einen starren, bald erstarrenden, Offenbarungsbegriff geschützt, den Späteren weitergegeben. Es bleibt die schwere Frage, warum es diesen Späteren nicht gelang, durch die Kruste hindurch zur Fülle lebendiger Gottes- und Menschenworte zu gelangen, sie neu hörbar zu machen. Tatsache ist, daß man lange — allzulange — Gott und seinen Willen durch den Raster des Gesetzes hindurch suchte. So wurde biblisches Zeugnis mißverstanden, einseitig weitergegeben, seiner Aussage beraubt.

So wurde Abraham — noch in einem modernen Fernsehspiel, das seinen Namen trägt — zum Modell blinden Kadavergehorsams. Die Geschichte vom fraglosen Opfer des einzigen Sohnes prägt das Bild des Patriarchen schon in Religionsbüchern der Unterstufe. Der Vater der Glaubenden beugt sich fraglos dem autoritären Vater-Königs-Gott; die in den Fußstapfen Abrahams wandeln können nichts anderes sein, als Bodentruppen eben dieses Gottes. Kein Wunder, wenn dieser Abraham heute wenig Freunde findet. Doch wird von Abraham nicht auch anderes berichtet, das man entdecken und ernst nehmen könnte? Denken wir an jenen Abraham, der als alter Mann auf Zukunft setzte, der unwahrscheinlichen Verheißung glaubte; denken wir an den Juden Abraham, der mit Gott um die Rettung von Sodom und Gomorra feilschte. Abraham, der uns zeigt, daß und wie man mit Gott reden kann, ist wohl ein gültigeres Leitbild als der andere, der bereit ist, den Sohn zu opfern, menschliche Bindungen zu verleugnen. Er lehrt uns nicht willenlose Unterwerfung unter einen göttlichen Willen oder das, was religiöse Instanzen als solchen ausgeben mögen, nicht

blindes Befolgen angeblich göttlicher Vorschriften, sondern die Suche nach ständig neuer Konfrontation.
Erinnern wir uns an jene andere Geschichte, die auf einer der ersten Seite der Bibel erzählt wird. Man kann sie kaum übergehen, wenn man nach dem Verhältnis zwischen Gottes und des Menschen Wollen im Alten Testament fragt. Der Mensch lebt in einer mehr als nur intakten Umwelt; ein komfortables Paradies steht ihm zur Verfügung. Er ahnt, daß er anders ist als die Tiere, sie beherrschen kann. Er findet eine ideale Frau; kein Tabu engt seine Entfaltungsmöglichkeiten ein. Ein Leben voller Chancen liegt vor ihm, Gottes Segen im Lebendigen. Doch mitten in diesem Bild noch unerprobter Freiheit steht der Satz: »Du darfst nicht davon essen . . .«[13] Haben alle Gehorsamsprediger recht? Will Gott den dressierten, den unselbständigen Menschen, der sich zu ducken hat, weil er sonst Strafe bekommt? Hat der Mensch seine Freiheit nur zum Schein? Gleicht Gott jenen Müttern, die ihren Kindern angeblich alle Freiheit des Spiels, der Selbsttätigkeit erlauben, solange sie sich im wohlumzirkelten Beobachtungsbereich elterlicher Aufsicht halten und nicht auf den Gedanken kommen, Eigeninitiative zu entwickeln? Oder ist diese Deutung vielleicht weder die einzige, noch die wahrscheinlichste, obwohl sie immer noch ihre Vertreter findet? Könnte hier nicht — in archaisch-mythischer Form — eine Wahrheit ausgesprochen sein, die den heutigen Adam, der sich rühmt, die Erde und das Leben ‚im Griff zu haben', auf bestürzende Weise betrifft? Könnte es nicht sein, daß diese Erzählung den späten Nachkommen Adams vor Augen führt, was sie im Grunde wissen: Der Mensch hat Macht, aber er bleibt ein gefährdetes Wesen. Die Erde ist eine beschränkte Gabe, weder sie noch das Leben auf ihr lassen sich beliebig manipulieren. Das Leben setzt den Experimenten des Menschen eine Grenze, überschreitet er sie, werden die vernichtenden Folgen seines Tuns auf ihn zurückfallen.

Anmerkungen

[1] Vgl. dazu die Untersuchungen von W. Wickler, Die Biologie der Zehn Gebote, München ²1971, und A. Plack, Die Gesellschaft und das Böse. Eine Kritik der herrschenden Moral, München ¹⁰1971.

[2] Ein Gedanke, der in seiner Konsequenz zu einer Revision unseres Offenbarungsmonopolismus zwingt und die tiefere Neubestimmung des Phänomens ‚Offenbarung' fordert.

[3] E. Gerstenberger, Wesen und Herkunft des »apodiktischen Rechts« (WMonANT 20) Neukirchen 1965.

[4] Dabei handelt es sich um komplizierte und langdauernde Prozesse. Es ist auch zu bedenken, daß sich in die Retrospektive der biblischen Autoren, denen wir unser Wissen verdanken, die Stimme der jeweiligen Gegenwart mischt.

[5] Keiner der Pentateuchquellen zuzurechnen, 9.—8. Jh. v. Chr.

[6] Ebenfalls ursprünglich eine eigenständige Sammlung; Kern: Lev 18—20; Endredaktion nachexilisch, zugleich Eingliederung in die Priesterschrift.

[7] In diesen Zusammenhang gehört auch das jus talionis (vgl. Lev 24, 19 ff), dem man wohl allzu große Beweislasten aufgebürdet hat.

[8] Die bekannteste apodiktische Gebotsreihe ist der Dekalog. Er hat seinen Sitz im Gottesdienst Israels und bekam in nachexilischer wie frühchristlicher Zeit besondere Bedeutung. Vgl. dazu Norbert Lohfink, Die Zehn Gebote ohne den Berg Sinai, in: Bibelauslegung im Wandel. Ein Exeget ortet seine Wissenschaft, Frankfurt 1967, 129 bis 157.

[9] Vgl. dazu M. Buber, Königtum Gottes, in: Werke, Band II, München 1964; F. Stier, Geschichte Gottes mit dem Menschen, Düsseldorf ³1964.

[10] Liebe und tu was du willst (Augustinus).

[11] G. Bornkamm, Wandlungen im alt- und neutestamentlichen Gesetzesverständnis; in: Geschichte und Glaube, Zweiter Teil. Gesammelte Aufsätze IV, München 1971, 84.

[12] R. Jehuda, 3. Jh. bAb Z 3 b; zitiert bei Bornkamm, aaO. 91.

[13] Gen 2,27 gehört zu der Gen 2,4 a einsetzenden, vom Jahwisten redigierten ältesten Pentateuchquelle; vor 721 v. Chr.

Literaturhinweise

Günther Bornkamm, Wandlungen im alt- und neutestamentlichen Gesetzesverständnis, in: Geschichte und Glaube, Zweiter Teil. Gesammelte Aufsätze IV, München 1971, 73—119.

Martin Buber, Königtum Gottes, in: Werke, Band II, München 1964.

Erhard Gerstenberger, Wesen und Herkunft des »apodiktischen Rechts« (WMonANT 20) Neukirchen 1965.

Meinrad Limbeck, Von der Ohnmacht des Rechts. Zur Gesetzeskritik des Neuen Testaments, Düsseldorf 1972.

Norbert Lohfink, Die Zehn Gebote ohne den Berg Sinai, in: Bibelauslegung im Wandel. Ein Exeget ortet seine Wissenschaft, Frankfurt 1967, 129—157.

Martin Noth, Die Gesetze im Pentateuch, in: Gesammelte Studien zum Alten Testament, München ^{3}1966, 9—141.

Wolfhart Pannenberg, Theologie und Reich Gottes, Gütersloh 1971.

Arno Plack, Die Gesellschaft und das Böse. Eine Kritik der herrschenden Moral, München ^{10}1971.

Gerhard von Rad, Die Theologie des Alten Testaments. Band I. Die Theologie der geschichtlichen Überlieferungen Israels, München 1958.

Bo Reicke, Die zehn Worte in Geschichte und Gegenwart, Tübingen 1972.

Fridolin Stier, Geschichte Gottes mit dem Menschen, Düsseldorf ^{3}1964.

Wolfgang Wickler, Die Biologie der Zehn Gebote, München ^{2}1971.

JOSEF BLANK

Die Auslegung des Willen Gottes im Neuen Testament

1. Zur Problematik der neutestamentlichen Ethik[1]

Die neutestamentliche Interpretation des »Willens Gottes« ist auf dem Boden der alttestamentlich-jüdischen Frömmigkeit mit ihren zentralen Vorstellungen von Gott, Mensch und Welt erwachsen; sie steht mit diesen in einem kontinuierlichen Zusammenhang und geht darüber hinaus doch ganz eigene und neue Wege. Mit dem Judentum versteht auch das Neue Testament Gott als souveränen, grundlosen Willen, der dem Menschen als Schöpfer und als gebietende Autorität begegnet, aber an die Stelle der formalen Autorität der Mose-Tora tritt in einer beispiellosen Weise für die Gruppen der Jesus-Jünger die neue Interpretation des Gotteswillens durch Jesus.[2] Die Formulierung des Evangelisten Mattäus: »Ihr aber sollt euch nicht Rabbi nennen lassen; denn nur einer ist euer Meister, ihr alle aber seid Brüder« (Mt 23,8) will offenbar eine dem jüdischen Rabbinat ähnliche Institution für die Jesus-Gemeinde ablehnen; danach gilt Jesus als der einzige Lehrer schlechthin. Dabei ist es nicht nur von größter Bedeutung, daß der historische Jesus offenbar den Gotteswillen in einer ganz neuen, souveränen und vollmächtigen Weise verkündet und ausgelegt hat, so daß seinen Weisungen eine letzte Verbindlichkeit zuerkannt wurde, sondern daß darüber hinaus auch dem Verhalten, dem »Beispiel« oder »Modell« Jesu eine besondere normative Kraft zukam. So kann der Apostel Paulus den berühmten Christushymnus, der von der Selbsterniedr-

rigung des Messias Jesus von der Höhe der Gottgleichheit zum menschlichen Sklavendasein, zur Unterdrücktenexistenz und schließlich sogar zum Verbrechertod am Kreuz redet, der also das Kerygma (= die Verkündigung) der nachösterlichen Gemeinde zum Inhalt hat, als normatives Grundmodell heranziehen, nach dem sich das ganze Denken und Verhalten (beides steckt in dem griechischen Wort *phroneîn*) der Christen ausrichten soll (vgl. Phil 2,1—5.6—11). Nicht nur die »Lehre« Jesu hat demnach ethische Relevanz, sondern auch der Weg, das Verhalten und das Geschick Jesu, seine Person, werden als ethisch belangvoll angesehen. Das weist schon darauf hin, daß nach diesem Denken »Glauben und Ethos« oder »Dogmatik und Moral« auf das engste zusammengehören; sie bilden keine verschiedenen Bereiche. Das Verständnis des »Willens Gottes« ist also durch Jesus, »christologisch«, geprägt und vermittelt, und diese »christologische Mitte« macht auch, vorweg zu allem Inhaltlichen, das spezifisch Christliche des neutestamentlichen Ethos aus. Das »Wesen des Christentums« ist in der Tat keine allgemeine, abstrakte Lehre, keine Ethik im griechischen und auch keine Tora im jüdischen Sinn, sondern die Person Jesu selbst. Er ist »der Weg, die Wahrheit und das Leben« (Joh 14,6), wie eine pointierte Formulierung des vierten Evangelisten lautet.
Mit dieser Hinordnung auf die »christologische Mitte« dürfte auch der eigentümliche Befund zusammenhängen, daß wir im Neuen Testament nirgends eine systematische »Ethik Jesu« oder eine »christliche Ethik« finden, sondern eher verschiedene Entwürfe und Ansätze, ohne Anspruch auf Vollständigkeit, die sowohl zur jüdischen wie zur griechischen Überlieferung Verbindungen zeigen. Dieser fragmentarische und theologisch auch verschieden geprägte Charakter derjenigen Texte und Bemerkungen, die man unter dem Sammelbegriff einer »Neutestamentlichen Ethik« gewöhnlich erfaßt, darf nicht als ein Mangel angesehen werden — ein solches Urteil wäre nur unter bestimmten systematischen Vor-

aussetzungen richtig —, sondern ist gerade in seiner positiven Bedeutung zu würdigen; es handelt sich um eine eigentümliche Offenheit, die für eine »ungesetzliche«, schöpferische Aktualisierung Raum läßt. Aufgrund dieser Offenheit ist die kulturgeschichtliche Anpassung der ethischen Maximen an die verschiedenartigsten Kulturen und Traditionen möglich.

Wir haben es also mit verschiedenen »ethischen Entwürfen« von exemplarischem Modell-Charakter[3] zu tun. Diese Formulierung setzt die Ergebnisse der neutestamentlichen Exegese voraus, wie sie in der jüngsten Zeit vor allem mit Hilfe der form- und traditionsgeschichtlichen Methoden gewonnen wurden.[4] Es darf mit guten Gründen angenommen werden, daß eine Reihe ethischer Weisungen und Maximen, wie wir sie besonders in den synoptischen Evangelien finden (bei Markus und in der Logienquelle Q), auf den historischen Jesus selbst zurückgehen. Wenn neuerdings von S. Schulz im Anschluß an verschiedene Arbeiten von E. Käsemann[5] die These vertreten wird, daß man besonders die apokalyptischen Weisungen der Logienquelle auf nachösterliche prophetische Charismatiker zurückführen müsse[6], dann scheint mir diese Auffassung aus verschiedenen Gründen nicht haltbar zu sein. Sie arbeitet mit der Voraussetzung, daß apokalyptisches Denken erst im nachösterlichen Urchristentum, genauer in einer bestimmten Gruppe, zu finden sei, während Jesus anscheinend als von jedem apokalyptischen Gedanken keimfrei vorgestellt wird. Demgegenüber wird man jedoch schon aus historischen Erwägungen apokalyptische Motive für Jesus in Rechnung stellen müssen.[7] Eine weitere Schwierigkeit liegt darin, daß es im Rahmen der jüdischen Tradition mit ihrem Gesetzesverständnis einer enormen geistigen Überlegenheit und Kraft bedurfte, um eine Interpretation des Gotteswillens zu vertreten, die so deutlich neue Akzente setzte, wie sie in der Jesus-Tradition anzutreffen sind. Zu erwähnen ist hier in erster Linie die Unterscheidung zwischen den kultischen und den ethischen Geboten mit ihrer klaren Minderbewertung der ersten und Vorrangstellung der zweiten. Diese grundsätzliche Unterscheidung und Neubewertung stellt in der jüdischen Tradition ein absolutes Novum dar, wofür es kein Beispiel gibt. Es handelt sich hier um eine deutlich greifbare, ausgeprägte Tendenz, die sich in den verschiedensten neutestamentlichen Traditionen findet, nicht erst und nicht nur bei Paulus. Man kann sich schlecht vorstellen, daß sich im Rahmen des Judentums eine solche Einstellung zur Tora hätte herausbilden und von einer Gruppe vertreten werden können, wenn nicht zuerst ein überlegener Geist dazu die entscheidenden Anstöße gegeben hätte, und dies kann niemand anderer gewesen sein als Jesus selbst. Waren die Anstöße freilich erst einmal erfolgt, dann konnten sie auch weiter wirken und zu einem ähnlichen Verhalten ermutigen. Die Frage nach der »Ethik Jesu«, nach seiner Auslegung des Gotteswillens, drängt sich notwendigerweise auf, sie läßt sich nicht umgehen, auch wenn man die methodischen Schwierigkeiten der »Rückfrage nach dem historischen Jesus« in Rechnung stellt. Daß man in der Gemeindeüberlieferung diese Weisungen interpretiert und erweitert hat, macht keine großen Schwierigkeiten mehr, wenn die Voraussetzungen vorhanden waren. Ebenso läßt es sich verstehen, daß je nach dem verfügbaren Überlieferungsbestand und der geistigen Mentalität der Evangelisten die Tradition verschieden aufgenommen und bearbeitet wurde. Demgemäß unterscheidet sich die Gemeinde-Ethik des Markus beträchtlich von dem stark systematisch geprägten Interesse des Mattäus, für den die Weisungen Jesu tatsächlich das neue Gegenstück zur alten Mose-Tora und ihrer schriftgelehrten Auslegung bilden, oder vom Verständnis des Lukas, der vor allem vom »sozialen« und »humanen« Charakter dieser Weisungen betroffen war, von Jesu Vorliebe für die Verachteten, Unterdrückten und Verstoßenen. Die Evangelisten fassen die Jesus-Überlieferung in sehr verschieden geprägten Denkweisen und Rahmenvorstellungen auf, wobei ihre eigene Bildung und Herkunft eine wichtige Rolle gespielt haben dürfte.[8] Sehr anders liegen die Dinge bei Paulus, dessen Ethik ganz von seiner theologischen Lehre vom Ende des Gesetzes, das mit Christus gekommen ist (Röm 10,4), her verstanden werden muß, in engster Beziehung zur »Gerechtigkeit allein aus Glauben« und der damit gegebenen »Freiheit eines Christenmenschen«.[9] Die nachpaulinische Tradition (Kol/Eph, Pastoralbriefe) bringt neue Elemente durch die Aufnahme der sogenannten »Haustafeln« hinzu, wodurch die jüdisch-hellenistische Alltagsmoral mit dem genuin christologisch-eschatologischen Ansatz verbunden wird.[10] Eine gewisse Sonderstellung nimmt der Jakobusbrief ein. F. Mußner hat in seinem Kommentar mit Recht darauf hingewiesen, daß die ethischen Weisungen dieser Schrift Verbindungen zur Jesus-Tradition der Logienquelle, vor allem in ihrer mattäischen Bearbeitung, enthalten und diese mit Elementen jüdisch-christlicher Weisheit und vielleicht auch hellenistischer Popular-Philosophie verschmelzen.[11] Für die johanneische Tradition hingegen ist die äußerste Konzentration auf das Liebesgebot charakteristisches Merkmal.

Man müßte noch genauer als bisher üblich die verschiedenen ethischen Entwürfe und Konzeptionen der neutestamentlichen Autoren in ihrer spezifischen Eigenart erfassen und darstellen, wobei sich auch zeigen würde, daß es im Verständnis des christlichen Ethos in den verschiedenen Gemeinden unterschiedliche, plurale Auffassungen gab. Jedenfalls ergibt es ein unzureichendes Bild, wenn man etwa ausschließlich die mattäische »Bergpredigt« zum fast schon kanonischen Modell der Ethik erhebt und kaum nach der Auffassung des Markus oder Lukas fragt. Daneben hat auch die thematische Behandlung verschiedener Einzelprobleme ihr relatives Recht, vor allem dann, wenn sich am traditionsgeschichtlichen Leitfaden auch die situations- und milieubezogene Interpretation der Überlieferung aufzeigen läßt. Dabei verdient der Übergang vom Charakter ursprünglich apokalyptisch (eschatologisch) gemeinter Weisungen zu einer praktikablen frühchristlichen Alltags-Ethik im Rahmen einer sich allmählich institutionalisierenden Frühkirche besondere Beachtung. Erscheint in den älteren neutestamentlichen Traditionen die ethische Problematik in einer Form, die sich mehr am Stil der alttestamentlichen »Weisheit« orientiert[12], so scheint mit der wachsenden Institutionalisierung des Christentums eine Entwicklung angebahnt, die in Verbindung mit sakramentalen Vorstellungen (Bedeutung der Taufe, Zulassung zum Herrenmahl) mehr und mehr zu einer neuen christlichen Gesetzesfrömmigkeit tendiert. Damit sind allerdings Probleme angesprochen, die dringend einer neuen Bearbeitung bedürfen.

2. Jüdische Torafrömmigkeit und Apokalyptik

»Seit dem Deuteronomium war das Judentum mehr und mehr zu einer Buchreligion geworden, und man kann die Wende vom Alten Israel zum späteren Judentum wohl am ehesten darin sehen, daß es von da an in erster Linie um die richtige Interpretation und um die rechte Praxis des schriftlich fixierten Gotteswillens geht ... Die Tora galt allen Richtungen als — in der Auslegung und exklusiven Geltung freilich umstrittene — Norm des menschlichen Verhaltens, als segens- und gnadenreiche Willensoffenbarung Gottes, in der man für alle Lebensbereiche Weisungen zu finden meinte«.[13] Die Tora wird »zum Herzstück der jüdischen Frömmigkeit und zu einem vielschichtigen Begriff«.[14] Entscheidend ist, daß die Tora, das heißt vor allem der Pentateuch, als eine umfassende, einzigartige und ganzheitliche Größe verstanden wird, deren Einzelforderungen alle an dieser Ganzheit partizipieren, so daß in jedem einzelnen Gebot unterschiedslos derselbe Gotteswille vernehmlich wird. Unter hellenistischem Einfluß wird sie als »Weltgesetz« verstanden, dem sich das ganze Leben einzufügen hat.[15] Im Zusammenhang mit der antijüdischen Religionsverfolgung durch Antiochus IV. Epiphanes, die 167 v. Chr. zum Makkabäeraufstand führte, kam es im Sinne einer Widerstandsbewegung zur verschärften Tora-Observanz; die von außen angegriffene Lebensform wurde jetzt um so hartnäckiger verteidigt. Damals entwickelte sich jene typische »Gesetzesfrömmigkeit«, gegen die im Neuen Testament so oft polemisiert wird; doch wird man hinzufügen müssen, daß es in der späteren Zeit nach dem Jüdischen Krieg wieder zu einer gewissen gegenläufigen Entwicklung kam, indem sich weithin bei den späteren Rabbinen die liberale Tendenz des Rabbi Hillel durchsetzte. Mischna und Talmud sind deshalb für die Auffassungen zur neutestamentlichen Zeit nur mit gewissen Vorbehalten heranzuziehen. Ausgesprochener Tora-Radikalismus findet sich hauptsächlich bei jenen Gruppen, die vom apokalyptischen Denken geprägt waren, wie die Qumran-Essener, oder auch die Zeloten und der »linke« pharisäische Flügel. In der apokalyptischen Naherwartung des baldigen Endes der Drangsalzeit dieses Äons und der kommenden Heilszeit gewinnt der Toragehorsam eine neue Bedeutung als »bewegender Faktor der Heilsgeschichte«[16]. Die glühende Enderwartung wird zu einem treibenden Motiv, die Tora noch besser und noch genauer zu erfüllen, weil solcher Gehorsam das erhoffte Ende nur beschleunigen kann.

Es ist hier nicht der Ort, um auf die verschiedenen Ausprägungen der Torafrömmigkeit im apokalyptischen Zeitalter des Judentums näher einzugehen. Nur zu den im Neuen Testament öfter erwähnten »Pharisäern« sei noch eine kurze Bemerkung angefügt.[17] Unter den jüdischen Religionsparteien der Zeit vor dem Ende des zweiten Tempels bildet die Laiengruppe der Pharisäer eher den gemäßigten Teil des frommen Judentums, der selbstverständlich an der grundsätzlichen Bedeutung des Toragehorsams festhält, aber ebensosehr an einer »vernünftigen«, realistischen Praxis interessiert ist. P. Ricoeur hat neuerdings mit großem Verständnis versucht, die bestimmenden Intentionen der Pharisäer darzulegen.[18] Ihnen geht es um die große Sache, das Gesetz und die Propheten zu »erfüllen«, darum können sie die Tora nicht wie eine Reliquie der Vergangenheit betrachten, sie ist ihnen aktuelle und lebendige Weisung Gottes. »Wenn die Tora eine hier und jetzt an den jüdischen Menschen gerichtete Weisung Gottes ist und nicht ein abstraktes Moralsystem, wenn die Religion darin besteht, Gottes Willen hier und jetzt zu tun, dann muß die Tora lebendig und gegenwartsbezogen sein ...«[19] Solcher Gegenwartsbezug, der sich den veränderten Lebenssituationen anpaßt, fordert die dauernde Neuinterpretation. Gegenüber der schriftlichen Tora ist die »mündliche Tora« der jüdischen Schriftgelehrten und Weisen unerläßlich. Das ausgedehnte Netz der Kasuistik, der »Zaun um die Tora«, ist der Versuch, jede einzelne Handlung in das Ganze des Gehorsams einzuholen, das ganze Leben der Tora konform zu machen; aber zugleich wird auf diese Weise das menschliche Handeln atomisiert. »Daß die Moral der Pharisäer eine Heteronomie war, daran ist kein Zweifel; aber es ist eine *konsequente* Heteronomie.«[20] Man wird den Pharisäern nicht den Vorwurf machen dürfen, sie hätten für die menschlichen Bedürfnisse keinen Sinn gehabt, vielmehr war ihr ganzes Bestreben, den Gehorsam lebbar zu machen. Das Problem der pharisäischen Frömmigkeit liegt eher darin, daß sie der gesetzlichen Einstellung verhaftet blieb. Sie blieb, wie Ricoeur sagt, im Banne des »skrupulösen Gewissens«, und zwar letztlich deshalb, weil der Gotteswille prinzipiell an die Vermittlung durch die Tora gebunden war. Der letztgültige Absolutheitscharakter der Tora wurde im Rahmen der jüdischen Frömmigkeit nie und von keiner Gruppe in Frage gestellt. Wo dies erfolgte, war zumindest formell ein Bruch mit der jüdischen Frömmigkeit vollzogen. Im übrigen ist darauf hinzuweisen, daß die Zeichnung der Pharisäer im Neuen Testament, speziell bei Mattäus, manche polemische Züge aufweist, die einer späteren Zeit angehören und die Auseinanderentwicklung zwischen der christlichen Kirche und dem Judentum wiedergeben.

3. Die eschatologische Weisung Jesu

Die Verkündigung Jesu muß auf dem Hintergrund der jüdischen Apokalyptik gesehen und von dorther verstanden werden.[21] Die Unterscheidung zwischen »Eschatologie« und »Apokalyptik«, wie man sie in der Fachliteratur immer wieder antrifft, entbehrt der methodischen Schärfe; denn die apokalyptische Zukunftserwartung ist für diese Zeit die konkrete Ausprägung der Eschatologie. Wir verwenden deshalb die beiden Begriffe im folgenden weitgehend synonym. Natürlich gibt es gewichtige Unterschiede zwischen der eschatologischen Konzeption Jesu und den Konzeptionen der apokalyptischen Zeugnisse, etwa diese, daß sich Jesus nicht der verschlüsselten Sprache bedient, keine Geheimlehren verkündet usw. Auch im Inhaltlichen lassen sich triftige Unterschiede namhaft machen. Von seiner Lehrweise her gesehen steht Jesus den Rabbinen näher als den apokalyptischen Weisen. Dennoch verbindet ihn die Naherwartung der Gottesherrschaft mit den apokalyptischen Strömungen. Die Unterschiede stecken jeweils im Detail und in den Konsequenzen; zusammen ergeben sie einen eigentümlichen Trend der Jesus-Tradition. Vielleicht könnte man sagen, daß es Jesus in erstaunlicher Weise gelang, die Engpässe sowohl der Apokalyptik als auch der gängigen Gesetzesfrömmigkeit zu vermeiden und gleichwohl deren zentralen Anliegen festzuhalten. Im übrigen spricht für die ursprüngliche Verbindung Jesu zur Apokalyptik der Umstand, daß Jesus die Bewegung Johannes des Täufers positiv aufnahm und wahrscheinlich zeitweilig auch zum Täuferkreis gehörte.

»Der Grundgedanke — oder eher das Ideal, die Achse des Wirkens, die Klammer aller Gedanken, der gemeinsame Nenner aller Überlegungen, Gleichnisse usw., die Basis der logischen Struktur auch gewisser innerer Widersprüchlichkeiten einiger Konsequenzen — ist bei Jesus unbestreitbar die Idee der Nähe, der Aktualität und des verbindlichen Anspruchs des sogenannten ‚Königreiches Gottes' oder ‚des himmlischen Königreichs'.«[22] So formuliert es in Übereinstimmung mit der neutestamentlichen Exegese zutreffend der marxistische Theoretiker M. Machovec. Jesus hat die Nähe des Reiches Gottes verkündigt (vgl. Mk 1,15). Im Sprachgebrauch Jesu hat der Gedanke der endzeitlichen Gottesherrschaft eindeutig positiven Sinn; die Gleichnisse vom »Schatz im Acker« und der »kostbaren Perle« (Mt 13,44—46) kennzeichnen sie als das höchste Glück, das ein Mensch überhaupt finden kann und für das sich der ganze Einsatz lohnt. Sie umfaßt das ganze Heil, das von Gott dem Menschen zugedacht ist; sie bringt die große Wende, die neue Ordnung der Dinge schlechthin. Der unbedingte Heilswille Gottes ist die Grundvoraussetzung, von der Jesus ausgeht und die sein ganzes Reden und Handeln von Grund auf motiviert. Dabei unterscheidet sich Jesus nicht nur darin von der gängigen Auffassung, daß für ihn die Nähe des Heils nicht die Vernichtung der Gottesfeinde voraussetzt, sondern auch darin, daß das Heil nicht von der kompletten Tora-Erfüllung, als Erfüllung sämtlicher Einzelvorschriften, abhängt. Das Heil ist vielmehr Gottes freie Gabe, ja Vorgabe, die dem Menschen bedingungslos angeboten wird. Schon darin steckt ein grundlegend neues Verständnis des Gotteswillens: *Am Anfang steht nicht der gebieterisch fordernde, sondern der schenkende Gott.* Darum stehen die Seligpreisungen, von denen die ersten drei der lukanischen Fassung (Lk 6,20 b—21) mit größter Wahrscheinlichkeit auf Jesus selbst zurückgehen, mit sachlichem Recht sowohl am Beginn der »Bergpredigt« wie der »Feldrede« (vgl. Mt 5,3—12; Lk 6,20 b—23).[23] Den Armen, Hungernden und Trauernden wird das große Glück der Gottesherrschaft bedingungslos und ohne Vorleistungen zugesprochen. Darum kann der Mensch sich auch die Gottesherrschaft nur schenken lassen: »Wahrhaftig, ich sage euch: Wer die Gottesherrschaft nicht empfängt wie ein Kind, wird in sie nicht eingehen« (Mk 10,15), oder um ihr Kommen bitten (vgl. die Bitte um das Kommen des Reiches im »Vater unser«

Mt 6,10; Lk 11,2; sie ist fest im überlieferten Text verankert). Wenn Jesus vom nahen Endheil spricht, dann steht er damit im Gedankenkreis apokalyptischer Naherwartungen.[24] Trotzdem bekommt bei ihm die Naherwartung einen ganz neuen Sinn, weil er es den Menschen zumutet, schon jetzt in der Gegenwart der alten Welt mit ihren unguten Verhältnissen aus der Zuversicht des göttlichen Heilswillens heraus zu leben. *Die Gewißheit der Heilszukunft wird zum gegenwärtigen Anspruch an den Menschen;* insofern gehören »Gegenwart« und »Zukunft« der Gottesherrschaft unabdingbar zusammen. Mit Recht spricht Machoveč von der »ganz eigenständige(n) Durchdringung der Gegenwart mit der Zukunft bei konsequent eschatologischen Menschen, zu denen Jesus unbestreitbar gehörte«.[25] Ebensowenig bildet es einen echten Widerspruch, wenn das Kommen des Reiches Gottes als ein Geschehen verstanden wird, das ganz bei der göttlichen Initiative selber liegt, so daß der Mensch dafür gar nichts tun kann, daß es aber auch durch keine menschliche Macht zu verhindern ist (vgl. Mk 4,26—29; das Gleichnis von der selbstwachsenden Saat), und daß sich damit doch eine »Ethik«, ein Appell zum entschlossenen Handeln verbindet. (Dies ist vermutlich der ursprüngliche Sinn des oft mißverstandenen Gleichnisses vom »ungerechten Verwalter« Lk 16,1—8). Die Betroffenheit von der Nähe des Endheils soll die Entscheidung im Sinne der guten Botschaft motivieren. »Reich Gottes« bezeichnet die dem Menschen unverfügbare Zukunft, die der Mensch weder planen noch machen kann, freilich als Gewißheit des guten Endes, der Erfüllung schlechthin. Durch solche Verheißung wird der Mensch aufgerufen, sich selbst in seinem letzten Glücksverlangen, in seiner letzten Sehnsucht nach Sinn und Lebens-Erfüllung allen gegenteiligen Erfahrungen zum Trotz ernstzunehmen. »Die Verheißung will als Antwort von uns nicht träges Warten, sondern tätigen Aufbruch auf die verheißene Zukunft hin. Sie schließt also menschliches Hoffen, Tun und Planen nicht aus, sondern ermutigt dazu.«[26] Wenn die Reichs-botschaft Jesu zuerst vom bedingungslosen und universalen Heilswillen Gottes für den Menschen, die Welt und die Geschichte spricht, dann legt sie damit zugleich auch den Grund für ein neues menschliches Handeln aus Glauben, Hoffnung und Liebe. Dann ist es der göttliche Wille, daß der Mensch diesen Willen als seine eigene gute Zukunfts- und Heilsmöglichkeit ergreift, daß er bejaht, was dem Endheil entspricht, und verneint, was ihm widerspricht.

Der gesamte Komplex der »Ethik Jesu« ist also ganz und gar im Horizont der eschatologischen Heilserwartung von Gottes Herrschaft und Reich zu verstehen. Es geht um ein neues menschliches Existenzverständnis auf der Grundlage des Glaubens an die göttliche Heilsverheißung, und dieses neue Existenzverständnis ist auch zugleich die Wurzel für ein neues Handeln, in dem sich das Leben aus der Heilserwartung vollzieht. Auch wenn sich in der Sprache Jesu der Begriff der »Gnade« noch nicht findet, er wurde wahrscheinlich erst von Paulus in die christliche Theologie eingebracht[27], so ist er der Sache nach doch schon für die Botschaft Jesu bestimmend (vgl. das Gleichnis von den »Arbeitern im Weinberg« Mt 20,1—15). Für Jesus scheint es eher typisch, daß er nicht in einer festgeprägten theologischen Begriffssprache redet, sondern in bildhaften Wendungen, die ein Geschehen anzeigen. Mit der Botschaft ist das Geschehen vom Heil verbunden, in ihr ereignet sich Heil. Dann ist es freilich auch unzutreffend, die eschatologische Weisung Jesu als eine Sonderform des »spätjüdischen Radikalismus« zu interpretieren, als »verschärften Toragehorsam« und »Anerkenntnis der völligen Abhängigkeit von Gott«, wie dies bei H. Braun geschieht.[28] Nach diesem Ansatz würde die Gottesherrschaft nicht als die große unverfügbare Gabe verstanden, sondern doch wieder in den Rahmen einer Leistungs-Frömmigkeit eingefügt, wenn auch einer radikalisierten und durch Zurücktreten des Juridischen sehr vereinfachten Leistungsfrömmigkeit. Hier wird man mit Käsemann dafür optieren müssen, daß Jesus kein »Gesetzesprediger«

war, sondern »der Evangelist schlechthin« (vgl. Anm. 6), und es geschieht völlig zu Recht, wenn der Evangelist Markus nicht mehr bloß das nachösterliche Kerygma als »Evangelium« verstanden hat, sondern bereits die Verkündigung und Wirksamkeit des irdischen Jesus. Hier liegt tatsächlich der »Anfang des Evangeliums Jesu Christi« (Mk 1,1) als der eschatologischen Freuden- und Freiheits-Botschaft. Die eschatologische Weisung Jesu bekommt einen grundlegend anderen Sinn, je nachdem ob man sie als »verschärften Toragehorsam« auffaßt, oder als die Grundgestalt der zu sich selbst befreiten menschlichen Antwort auf das Heilsangebot und den durch Jesus im Namen Gottes erfolgten Zuspruch der göttlichen Liebe. Versteht man sie als »verschärften Toragehorsam«, dann wird sie zu einer unerträglichen Überforderung für den Menschen, der auf diese Weise einer noch viel rigoroseren Gesetzlichkeit unterworfen würde als bei den Pharisäern oder in Qumran. Versteht man sie dagegen vom göttlichen Heils- und Liebeswillen her, dann hat sie den Charakter einer echten Befreiung vom heteronomen Gesetzesgehorsam, einer radikalen Entbindung der menschlichen Liebesfähigkeit, einer Einsetzung der menschlichen Freiheit und Verantwortungsfähigkeit in ihre genuinen Rechte. Mir scheint, daß nur die zweite Auffassung der wahren Intention der eschatologischen Weisung Jesu gerecht wird. Schon für Jesus ist die »Aufgabe« nicht eine verschärfte Gesetzlichkeit, sondern Frucht, die aus der Gabe der Heilserfahrung entspringt, Antwort auf den Anruf der Liebe. Aus diesem Grunde ist es auch so schwierig, von einer »Ethik Jesu« zu sprechen, weil sich damit immer wieder die falsche Vorstellung eines »ethischen Systems«, einer normativen »Gebotsmoral« oder eines besonderen »Tugendkatalogs« verbindet. Der Begriff »Ethik« kann hier nur mit einem gewissen Vorbehalt verwendet werden, nämlich im Sinne einer vom Evangelium her bestimmten menschlichen Lebensform, eines Lebens-Entwurfs im Horizont der Heilsbotschaft. Auch die Diskussion, ob es sich da um eine »Gesinnungs-Ethik« oder um eine neue »Praxis« handelt, um Gebote mit einem Realisierungsanspruch, geht offenbar an der Sache vorbei. »Gesinnung« und »Tat« lassen sich gar nicht voneinander trennen; eine solche Trennung widerspräche auch der ganzheitlich-dynamischen Anthropologie der jüdischen Tradition, wie sie auch das Neue Testament voraussetzt. Hier geht es eher um ein »neues Herz« und einen »neuen Geist« (vgl. Jer 31,31 bis 34; Ez 36,25—28), die sich auch gleich in einem neuen Verhalten äußern. Dieser Gesamtkomplex läßt sich nicht mehr auf »gesetzliche« Weise erfassen. Die verschiedenen Einzel-Weisungen Jesu, in denen sich die eine eschatologische Weisung der Liebe konkretisiert, haben deshalb auch den Charakter von Bildworten, Maximen oder von »Weisheitslehren«, die das neue Leben, um das es geht, mehr in Fragmenten und Denkanstößen vermitteln, als daß sie es umfassend schildern würden. Im übrigen hat die Geschichte der katholischen Moraltheologie hinreichend belegt, daß ein gesetzliches Mißverständnis der Weisung Jesu als »nova lex« (= »neues Gesetz«) diese praktisch zu einem Sonderreservat für Extrafromme macht und sie damit zugleich um ihre geschichtliche wie gesellschaftliche Wirkungen bringt, während für den christlichen Normalverbraucher nur eine christlich-pharisäische Gesetzesfrömmigkeit übrigbleibt.[29] Dagegen ist es für die modellhaft gemeinte Weisung Jesu bezeichnend, daß sie die praktische Anwendung im Einzelfall weitgehend dem Hörer selbst überläßt. Die Offenheit dieser Weisung fordert geradezu die immer neue Interpretation durch den Hörer, dessen Eigenverantwortung und Phantasie sie anspricht.[30] Die Evangelien bestätigen auf ihre Weise diesen Befund, indem wir dort beobachten können, daß und wie die Evangelisten die verschiedenartigsten Interpretationen der überlieferten Weisung Jesu hinzugefügt haben. Der »neue Gehorsam« im Sinne Jesu kann deshalb prinzipiell nicht mehr als »blinder Gehorsam« gegenüber einer heteronomen Gesetzesmoral oder einer heteronomen institutionalisierten Autorität gegenüber verstanden werden. Er ist nur möglich als der »vernünftige« und freie

Gehorsam eines Menschen, der in seinem Verhalten auf einen letzten Sinn-Anspruch antwortet. Dieser Sinn-Anspruch begegnet in umfassender Weise in der Botschaft von Gottes Herrschaft und Reich, in der erfahrenen Liebe sowie in der konkreten Gestalt des jeweils Nächsten, des Mitmenschen mit allen seinen Nöten und konkreten Bedürfnissen. In dem Konflikt zwischen gesetzlicher Ordnung und dem aktuellen Bedürfnis des Menschen gewinnt in der Optik Jesu der Mensch den nicht mehr zu überbietenden Vorrang, und jedes Gesetz hat sich danach zu richten. Wenn bestehende Gesetze, und mögen sie noch so ehrwürdig sein, dem Leben und den Bedürfnissen des Menschen nicht mehr genügen, dann müssen sie eben geändert werden. Dabei ist es ein Kriterium des Christlichen, daß der Mensch im Licht der Heilsverheißung verstanden wird, also in seinem »unendlichen Wert« gegenüber den rein gesellschaftlichen Ansichten und Wertungen. Weil der göttliche Heilswille als universelle Liebe verstanden ist, darum fällt solcher Gehorsam nicht mehr unter den Begriff der »Heteronomie«; denn wo es um die Liebe geht, da hört die Entfremdung, wie sie im Heteronomie-Begriff mitschwingt, auf. Oder anders gesagt, durch die eschatologische Weisung Jesu wird der Mensch dazu aufgerufen, durch seine eigene Vernunft und Liebe den konkreten Gotteswillen jeweils mit zu definieren. Darum eröffnet diese Weisung dem Menschen auch einen unbegrenzten Freiheitsraum, allerdings nicht im Sinne unendlicher Beliebigkeit, sondern für die schöpferische Interpretation des Gotteswillens als menschliche Antwort auf den universalen Heilswillen Gottes. Was diese Interpretation dem Menschen anbietet, ist zunächst ein umfassendes »Globalziel« für den gesamten Lebens-Entwurf, ein universaler Sinn-Horizont für menschliches Leben und Handeln, ein Moment, dessen große Bedeutung gerade heute nicht unterschätzt werden sollte. Die kirchliche Verkündigung hätte für dieses universale Sinn-Angebot der Weisung Jesu einzustehen, und sie hätte ihre konkreten »Imperative« immer wieder auf diesen Sinn-Horizont auszulegen, sie von dorther einsichtig und verständlich zu machen. Damit ist auch schon angedeutet, daß inhaltliche Aussagen und bestimmte Anwendungen und Kriterien keineswegs überflüssig werden, im Gegenteil, wohl aber, daß solche inhaltlichen Bestimmungen keinen »Gesetzescharakter« mehr annehmen können. Die ethische Interpretation der eschatologischen Weisung Jesu müßte demnach im engsten Bezug zu den heutigen menschlichen Bedürfnissen erfolgen, im Kontakt mit den Problemen der heutigen Gesellschaft, im fortgesetzten Gespräch mit den jeweils Betroffenen. Sie kann nicht einfach von oben aufoktroyiert werden. Sie muß sich als wirksame »Lebenshilfe« erweisen.

Angesichts der nahen Gottesherrschaft wird der Mensch aufgefordert zur »Umkehr«, zur Metánoia.[31] Während die alttestamentlichen Propheten die Umkehr als Rückkehr zu Jahwe, den Israel verlassen hatte, als Rückkehr zum Bund und zur göttlichen Tora begreifen, bedeutet die Umkehr in der Verkündigung Jesu die entschlossene Wende zur Zukunft: »Laßt die Toten ihre Toten begraben; du aber geh und verkünde das Reich Gottes.« — »Keiner, der die Hand an den Pflug legt und nochmals zurückschaut, taugt für das Reich Gottes« (Lk 9,60.62). Die Bildworte, die sich nach Lukas an Menschen richten, die sich Jesus anschließen möchten, machen deutlich, daß die Hinwendung zur Gottesherrschaft eine Abkehr von der Vergangenheit, ja sogar einen Bruch mit der Vergangenheit verlangt. Die Vergangenheit, zu der auch die Tradition gehört, kann zu einer Last werden, von der man sich frei machen muß. Der Jünger Jesu soll die Vergangenheit hinter sich lassen und sich ganz auf die eschatologische Zukunft einstellen. Gefordert ist die grundsätzliche Bereitschaft, auf das verheißene Endheil hin zu leben, ebenso der Mut, alle menschlichen Verhältnisse in das Licht der verheißenen Zukunft zu rücken, sie in ihrer Heilsmöglichkeit zu sehen und daraufhin, soweit möglich, zu verändern. Unter diesem Aspekt sind auch die verschiedenen Einzelweisungen Jesu zu sehen; sie sind von der Forderung der Umkehr, der Veränderung von Bewußtsein und Praxis mitgeprägt. Offenkundig hat Jesus im Besitz, im Reichtum eine große Gefahr für den Menschen gesehen (vgl. den Abschnitt Mk 10,17—31). Gleichwohl hat er den Reichtum nicht als solchen verurteilt; das hat erst Lukas getan (vgl. Lk 6,24—26; die »Wehe-Rufe«, die sicher nicht ursprünglich sind, sondern auf Lukas zurückgehen). Verurteilt wird ein bestimmtes Besitzverhältnis, ein Eigentumsbegriff, der aus dem Besitz einen Fetisch macht, an den man sich klammert, der den Menschen versklavt und den sinnvollen persönlichen und sozialen Gebrauch des Eigentums verhindert. Andererseits kann man damit auch dem Nächsten helfen (vgl. den Zöllner Zachäus Lk 19,1—10). In der Verkündigung Jesu war der Besitzverzicht offenkundig eschatologisch motiviert; angesichts der herandrängenden Gottesherrschaft verlieren die irdischen Güter ihren Wert. In der nachösterlichen Situation, unter dem Nachlassen der Naherwartung, drängt sich dagegen, wie man bei Lukas sieht, die sozialethische Motivation in den Vordergrund. — Auch die Sorge um das eigene Leben verhindert die Ausrichtung auf die eschatologische Zukunft (Mt 6,25—33; vgl. Lk 12,22—32). Die Aufforderung zu radikaler Sorglosigkeit hat eschatologischen Sinn (vgl. noch Phil 4,4—6). Sie ist die Kehrseite des radikalen Heilsvertrauens. Wer von Gott das Heil erhofft, ist die bedrängende Sorge um die eigene Lebenssicherheit los, der gewinnt die Freiheit zur großen Geduld, die sich dem »Tempo Gottes« (M. Buber) anpaßt, die ruhige Gelassenheit. — Bei der bekannten Äußerung Jesu zur Steuerfrage: »So gebt dem Kaiser, was des Kaisers ist, und was Gottes ist, das gebt Gott« (vgl. Mk 12,13—17) geht es nicht um die spätere Frage nach dem Verhältnis von Kirche und Staat, sondern um die eschatologische Relativierung des Staates und seiner Ansprüche. Der Nachdruck liegt auf dem zweiten Glied der Aussage. Der Staat gehört zu den Gegebenheiten dieses Äons; mit dem Reich Gottes kommt auch sein Ende, deshalb hat die Steuerfrage keine besondere Bedeutung. Die

Theorie vom »Ende des Staates« ist eine eschatologische Theorie. Die vollkommene Gottesherrschaft ist identisch mit der Gemeinschaft der Heiligen im vollendeten Gottesreich. — Auch Herrschaftsfreiheit und Brüderlichkeit als die der Gottesherrschaft gemäße Form mitmenschlicher Kommunikation werden von Jesus proklamiert: »Ihr wißt, daß die Herrscher ihre Völker unterjochen und die Mächtigen ihre Macht über die Menschen mißbrauchen. Bei euch aber soll es nicht so sein, sondern wer bei euch groß sein will, der soll euer Diener sein, und wer bei euch der Erste sein will, der soll der Sklave aller sein. Denn auch der Menschensohn ist nicht gekommen, um sich dienen zu lassen, sondern um zu dienen und sein Leben als Lösegeld für viele hinzugeben« (hier nach Mk 10,42—44; vgl. Mt 20,24—28; Lk 22,24—27). Das heißt, die Jüngergemeinschaft Jesu soll sich als herrschaftsfreie Gruppe verstehen, wobei die überlieferte Weisung Jesu bei Markus noch durch den Hinweis auf das beispielhafte Verhalten Jesu, des »Menschensohnes«, der gekreuzigt wurde, unterstrichen wird.[32]

Noch ein Wort zum Doppelgebot der Gottes- und Nächstenliebe (vgl. Mk 12,28—34; Mt 22,35—40; Lk 10, 25—28). Die Frage nach der Wichtigkeit der verschiedenen Einzelgebote der Tora wurde auch von den jüdischen Schriftgelehrten diskutiert, wobei die Antworten sehr verschieden ausfielen.[33] Daneben gab es auch im Judentum, zumal im hellenistisch beeinflußten, vereinzelt Tendenzen, die beiden Gebote miteinander zu verbinden. So heißt es bei dem jüdischen Religionsphilosophen Philo von Alexandrien: »Und es gibt so zu sagen zwei Grundlehren, denen die zahllosen Einzellehren und -sätze untergeordnet sind: in bezug auf Gott das Gebot der Gottesverehrung und Frömmigkeit, in bezug auf Menschen das der Nächstenliebe und Gerechtigkeit; jedes der beiden zerfällt wieder in vielfache, durchweg rühmenswerte Unterarten.«[34] Freilich ist damit, wie gerade Philo zeigt, kein Kriterium für die Gültigkeit oder Rangordnung der übrigen Gebote gesetzt, sondern eher der Rahmen abgesteckt, in dem sich die verschiedenen Gebote unterbringen lassen. Man wird E. Neuhäusler zustimmen, der sagt: »Ob die Aneinanderreihung der beiden Gebote auf Jesus zurückgeht oder nicht, ist nicht von entscheidender Bedeutung. Selbst wenn sich kein eindeutiges vorchristliches Zeugnis für die Verbindung der beiden Gebote fände, lag diese Verbindung damals in der Luft.«[35] Worin besteht nun aber das »Neue« und »Besondere« des Liebesgebotes bei Jesus? Dieses Neue besteht darin, daß das Doppelgebot zum Kriterium für Frömmigkeit schlechthin gemacht wird, daß eine unbedingt gültige Rangordnung aufgestellt wird. »Jesus bindet die Liebe zu Gott und die Liebe zum Nächsten aneinander als die ‚Summe des Gesetzes'. In beiden Forderungen steht und fällt die ganze Tora. So kann die Liebe nicht mehr in einer Reihe neben anderen ethischen oder kultischen Gesetzen gesehen werden ... Sie ist jetzt der Inbegriff des sittlichen Willens Gottes schlechthin.«[36] Dies bedeutet: »Die Nächstenliebe steht nicht losgelöst neben der Gottesliebe. Sie ist vielmehr mit der Gottesliebe zu einer Einheit verschmolzen. Für Jesus geht der Weg nur über den Nächsten zu Gott ... Das Schicksal des Menschen wird von Gott an dem Verhalten des Menschen zu seinem Nächsten entschieden.«[37] Die Parabel vom »barmherzigen Samariter« (Lk 10,25—27) drückt den entscheidenden Sachverhalt sehr gut aus, wenn da am Schluß der Erzählung die Frage des Gesetzeslehrers am Anfang: »Und wer ist mein Nächster?« umgekehrt wird: »Wer ist dem, der von den Räubern überfallen wurde, der Nächste gewesen?« Das heißt, der Gesetzeslehrer will eine Definition, die genau umschreibt, wer alles unter den Begriff des »Nächsten« fällt, während die Rückfrage sagt, eine solche Definition gibt es nicht, es braucht sie auch gar nicht zu geben. Denn in der gegebenen Situation entscheidet sich immer neu, ob das Nächstenverhältnis realisiert wird oder nicht. *Der »Nächste« definiert also durch sein Vorhandensein und durch seine konkreten Bedürfnisse eo ipso mit, was hier und jetzt der Gotteswille für uns ist.* Damit tritt der »Nächste«, der Mitmensch an die Stelle der Tora. —

Das Gebot der »Feindesliebe« (Mt 5,43—48; Lk 6,27 bis 28.32—36)[38] ist in gewissem Sinne nur noch die konsequente Radikalisierung des Liebesgebotes. Sie ist, wie schon Augustinus erkannte,[39] der äußerste Ansatzpunkt der Liebe, die im Falle des »Feindes« mit der Konfliktsituation, mit der Entfremdung schlechthin konfrontiert wird und der die Überwindung der Entfremdung zugemutet wird. Eben dieses Gebot steht unter dem Vorzeichen der vollkommenen »Nachahmung Gottes«, der, wie es in der Mattäus-Fassung heißt, »seine Sonne aufgehen läßt über Bösen und Guten und regnen läßt über Gerechte und Ungerechte«. Hier wird die universale Liebe Gottes zum nicht mehr überbietbaren Modell für die menschliche Liebe, die genauso weit und universal werden soll, indem sie keinen mehr ausschließt.

In seiner Abhandlung »Zwei Glaubensweisen« hat der jüdische Religionsphilosoph Martin Buber aus jüdischer Sicht aufgezeigt, wie die eschatologische Neuinterpretation des Gotteswillens durch Jesus mit einer inneren Folgerichtigkeit den Gedanken der Nachfolge Jesu einschließt.[40] Nach Buber geht es Jesus durchaus um die »Erschließung der Thora«; darin steht er in gewisser Hinsicht dem Wollen der Pharisäer nahe. Aber während die Pharisäer zum »Sinai« zurückfragen und nicht mehr hinter den Sinai zurück, muß Jesus »in den Wolkenraum der Offenbarungsintention vordringen, denn nun erst steht sein (in seiner Sprachform ja auch rabbinischer Diskussion vertrautes) ‚ich aber sage euch' oder ‚und ich sage euch' der Überlieferung der Geschlechter entgegen«.[41] Buber hat sehr deutlich gesehen, daß die Interpretation des Gotteswillens durch Jesus einen entscheidenden Schritt weiter geht als die pharisäische, und zwar dadurch, daß sie in der »eschatologischen Stunde« nach der letzten ursprünglichen Intention des Gotteswillens fragt. »An der Stelle, wo bei den Rabbinen diese Lehre« — gemeint ist die Lehre von der *lischmah*, der rechten Ausrichtung des Herzens bei der Gebotserfüllung — »steht, als Antwort nämlich auf die Lebensfrage des Menschen, steht bei Jesus die Aufforderung zur Nachfolge. Da er der vorgefundenen Überlieferung Israels gegenüber sich auf die unverstellte Absicht des Offenbarers als die ihm offenbarte ... berief, konnte seine Antwort nur noch eine so persönliche sein«.[42] Diese Meinung Bubers ist nicht nur deshalb erwähnenswert, weil sie eine interessante Bestätigung von jüdischer Seite liefert, sondern vor allem deshalb, weil sie den inneren Zusammenhang zwischen der eschatologischen Weisung Jesu und der Idee der »Nachfolge«, das heißt der Personalisierung und »Humanisierung« des Gotteswillens durch Jesus in einer Klarheit erfaßt, wie dies selbst bei christlichen Theologen selten der Fall ist. Die eschatologische Weisung Jesu impliziert über den Gedanken der »Nachfolge« das christologische Moment, wie es sich im Verhalten Jesu und in seinem Anspruch, den wahren Gotteswillen zu verkünden, bekundet. Zugleich ist darin auch angelegt, daß die Frage nach einer »christlichen Ethik« primär die Frage nach dem christlichen Verständnis des Menschen, also nach einer theologischen Anthropologie ist, und nicht so sehr die Frage nach einem neuen Normensystem. Von dieser Erkenntnis aus ist es denn auch nicht überraschend, wenn das Johannesevangelium in Verbindung mit der Fußwaschungsgeschichte das »Beispiel« Jesu als verbindlich herausstellt. »Begreift ihr, was ich an euch getan habe? Ihr nennt mich Meister und Herr, und ihr habt recht, denn ich bin es. Wenn ich, der Meister und Herr, euch die Füße gewaschen habe, müßt auch ihr einander die Füße waschen. Ein Beispiel habe ich euch gegeben, damit auch ihr tut, wie ich an euch getan habe« (Joh 13,13—15). Der Text stellt das Handeln Jesu als paradigmatisch für die Jesus-Jünger hin. Er bezieht sich unmittelbar auf die vom Verfasser zweifellos als »Symbolhandlung« verstandene Fußwaschung. Der Sinn dieser Symbolhandlung ist so zu deuten, daß hier das äußerste Dasein Jesu für die andern, sein von der Liebe getragenes Engagement für die andern — »da Jesus die Seinen, die in der Welt waren, liebte, so liebte er sie bis ans Ende« oder »bis zum Äußersten« (Joh 13,1) — das Paradigma schlechthin ist, das auch das Verhalten der Jünger in einer umfassenden Weise prägen soll. An sklavische »Nachahmung« ist dabei gewiß nicht gedacht; man kann auch die Fußwaschung zum frommen, nichtssagenden liturgischen Akt degradieren. Entscheidend bleibt das von der Liebe geprägte Engagement, als »Dasein für die andern«, das die christliche Existenzhaltung bestimmen soll. Und auch hier wird wieder die schöpferische Phantasie angesprochen; wie solches »Dasein für andere« sich konkret realisiert, wird immer durch die geschichtlichen Verhältnisse mitbestimmt. Der Wille Gottes, wie er sich im Verhalten Jesu beispielhaft darstellt, ist auch hier nicht mehr »gesetzlich« geprägt, sondern christologisch-personal, und es ist von daher sicher kein weiter Schritt zu dem Gedanken, daß der Mitmensch der gegebene »Stellvertreter Christi hier und heute« ist.

4. Abschließende Überlegungen

Es ist leider nicht möglich, in diesem Rahmen auf die ethischen Konzeptionen der verschiedenen neutestamentlichen Autoren näher einzugehen; ich darf hierzu nochmals auf das im ersten Abschnitt Gesagte verweisen. Aber vielleicht hat sich in der Beschränkung auf die eschatologische Weisung Jesu — auch hier mußte auf Vollständigkeit im Detail verzichtet werden — doch so etwas wie eine eigentümliche Konzeption ergeben: Der Gotteswille wird von Jesus als universeller Heils- und Liebeswille verstanden; ein Verständnis, das unmittelbar aus der Botschaft der Nähe von Gottes Herrschaft und Reich resultiert. Mit dem göttlichen Liebeswillen soll der Mensch schon hier und heute rechnen und deshalb das unbedingte Heilsvertrauen auch zur Grundlage seines Selbstverständnisses wie seines ethischen Handelns machen. Durch das Doppelgebot der Gottes- und Nächstenliebe ist eine grundsätzliche große Linie für das gesamte menschliche Handeln aufgezeigt und eine absolute

Priorität gesetzt, die als Kriterium für alles übrige gilt. Damit vollzieht sich schon in der Verkündigung Jesu das „Ende des Gesetzes«, das Ende einer gesetzlich verstandenen Normenmoral. An die Stelle des Gesetzes tritt der Mitmensch. Die Anwendung der Einzelweisungen Jesu fordert das persönliche Engagement, die schöpferische Neuinterpretation dessen, was jeweils zu tun ist, immer neu heraus. Der Mensch definiert durch sein Handeln jeweils den Gotteswillen mit; ebenso sind die konkreten Bedürfnisse des Mitmenschen ein integrierender Bestandteil in der Definition des Gotteswillens. Nach Jesus kann der Gotteswille nicht mehr von oben herab, gleichsam über die Köpfe weg dekretiert und autoritär auferlegt werden. Der neue Gehorsam schließt vielmehr das intensive Hinhören auf die »Forderung der Stunde« ein, es handelt sich um einen schöpferischen, vorausblickenden Gehorsam. Der Orientierungspunkt für solches Verhalten ist zuletzt nicht ein ethisches Normengefüge, kein »System«, sondern die Gestalt Jesu, sein paradigmatisches Verhalten. So etwa läßt sich die gewonnene Konzeption umreißen.

Neuerdings hat J. Hoffmann die Aufgabe der theologischen Ethik folgendermaßen umschrieben: »Um der Botschaft des Evangeliums Gehör zu verschaffen, haben die Kirche und mit ihr die Theologie zu jeder Zeit die Aufgabe, gleichsam an zwei Brennpunkten, wie bei einer Ellipse, anzusetzen. Zum einen gilt es, die Offenbarung Gottes zu bewahren und zu tradieren, aber die Inhalte der Offenbarung müssen in der jeweiligen Kultur, in den jeweiligen geschichtlichen Befindlichkeiten zur Geltung gebracht werden, wenn die traditio in der Wirklichkeit dieser Welt gewährleistet werden soll. Daher ist es zum anderen notwendig, daß die Kultursituation einer Analyse unterzogen wird.«[43] Nach dieser zutreffenden Bestimmung wäre es die Aufgabe der Exegese, die ethischen Konzeptionen des neutestamentlichen Grundzeugnisses zu erarbeiten und in die theologische Gesamtdiskussion einzubringen, während die Analyse der gegenwärtigen Kultursituation mehr in den Aufgabenbereich der Moraltheologie fallen würde. Gleichwohl kann sich auch der Exeget den Blick auf die gegenwärtige Situation nicht völlig ersparen, schon deshalb nicht, weil seine Arbeit davon entscheidend mitbestimmt wird.

Was hier als »eschatologische Weisung Jesu«, oder auch als »ethische Konzeption Jesu« vorgelegt wurde, steht sowohl zu gängigen kirchlichen Praktiken wie zu vielen modernen gesellschaftlichen Meinungen quer; sehr zeitgemäß scheint dies gerade nicht zu sein. Trotzdem möchte ich meinen, daß eine Besinnung auf diese Konzeption unerläßlich und zugleich auch von größter praktischer Bedeutung ist. Wenn das Christentum und die Kirche noch eine Zukunftschance und eine Zukunftsaufgabe haben, dann eigentlich nur auf der Grundlage der Konzeption oder »Offenbarung« Jesu, wie das Neue Testament sie bezeugt. Diese Konzeption enthält ohne Zweifel auch eine permanente Kritik an der kirchlichen Praxis, soweit nämlich diese Praxis sich nicht im Einklang mit der Konzeption Jesu befindet, und dies ist leider in sehr vielen Bereichen der Fall. Diese Praxis muß sich also Kritik gefallen lassen, sie muß sich der Kritik stellen. Wenn man allerdings meint, mit der herkömmlichen Gesetzes- und Normenmoral weiter zu kommen, ja damit überhaupt noch Interesse zu finden und etwas Segensreiches anfangen zu können, dann täuscht man sich und hat die Zeichen der Zeit noch immer nicht verstanden. Daß die Weigerung, die mitunter schon sehr massiven Zeichen der Zeit zur Kenntnis und zum Anlaß für dringend fällige Veränderungen zu nehmen, beängstigende Formen angenommen hat, soll hier nicht verschwiegen werden. Dazu kommt weiter, daß die traditionelle kirchliche Gesetzesmoral veraltet und den modernen Erkenntnissen durchweg unterlegen ist. Sie ist in keiner Weise mehr auf der Höhe der Zeit. Psychologie, Gesellschaftswissenschaften und Verhaltensforschung haben inzwischen einen Standard erreicht, den man nicht mehr ignorieren kann und der auch weit bessere Handlungsmodelle liefert als die kirchliche Gesetzesmoral. Eine brauchbare Ethik muß heute folgende Bedingungen erfüllen: Sie muß ihre Handlungsmodelle oder Normen im Hinblick auf den inzwischen erreichten Stand der Humanwissenschaften erarbeiten; sie muß die persönliche Freiheit und Verantwortung des Menschen für seinen eigenen Lebensentwurf respektieren; sie darf keinen »autoritären« Charakter haben, keinen macht- und zwangsbestimmten Gesetzescharakter; sie muß paränetisch und dialogisch[44] verfahren, das heißt, sie wird eher in der Form eines »Rates« und eines hilfreichen Angebotes sich empfehlen, in kommunikativer Weise und in einer ehrlichen Bereitschaft, die die persönliche Entscheidung in keiner Weise präjudiziert; sie wird die menschlichen Konflikte einbeziehen müssen und auf jede Form von Perfektion mit einem gesetzlichen Absolutheitsanspruch verzichten. Daß die kirchlichen Autoritäten von einer so konzipierten Verhaltensweise noch weit entfernt sind, braucht man nicht eigens zu belegen. Doch um dies nochmals zu sagen, christliche Ethik hat nur noch Zukunftschancen, wenn sie sich auf diese Bedingungen unserer Kultursituation einläßt; andernfalls bleibt sie, als kirchliche Gesetzesmoral, eine primitive Autoritätsmoral für Unterentwickelte. Damit würde die Kirche freilich in einem ganz entscheidenden Punkt ihrer ureigensten Aufgaben, nämlich in ihrer Verantwortung für das ethische Wohl der Menschen, versagen.

Als »Gesetzesmoral« ist christliche Moral endgültig passé, und alle dahingehenden Wiederbelebungsversuche so überflüssig wie nur etwas. Befragt man jedoch die ethischen Konzeptionen des Neuen Testaments, dann braucht man über diese Feststellung nicht traurig zu sein; denn eben diese »Gesetzesmoral« war nicht neutestamentlich geprägt und hatte mit dem Geist Jesu wenig gemein. Die Frage nach der christlichen Ethik für die Zukunft ist demnach so zu stellen, ob man mit der neutestamentlichen Konzeption noch etwas anfangen und diese auf die gegenwärtige Kultursituation hin neu auslegen kann. Und hier dürften die Aussichten keineswegs ungünstig sein, eher ist das Gegenteil der Fall. Wenn man hier nach meiner Ansicht durchaus optimistisch sein darf, dann nicht in der Form einer billigen Anpassung, etwa weil sich eine Chance ergibt, beim modernsten Trend glücklicherweise wieder dabei zu sein, sondern unter Berücksichtigung der großen Anstrengungen, an denen man gewiß nicht vorbeikommt. Hier müßte man zunächst einmal den Mut zu den eigenen Ursprüngen haben, den Mut zu einer genuin christlichen Identität, die sich an der eschatologischen Reichs-Botschaft Jesu orientiert. Der »universelle Heilswille Gottes« wäre dann die Ausgangsbasis. Obwohl heute immer wieder das Ende der Religion proklamiert wird, darf man getrost davon ausgehen, daß es die religiöse Frage als Frage des Menschen nach dem Sinn, als Frage nach der Identität, als Frage nach dem wahren Leben für den einzelnen wie für die Gesellschaft und nicht zuletzt als Frage nach der Zukunft auch in der Zukunft geben wird. Gerade die Christen sollten von ihrer eigenen Tradition her mehr als andere Leute darauf gefaßt sein, daß technische Perfektion, grenzenloser Fortschrittsglaube und Leistungsdenken, Konsum- und Wohlstandsverhalten usw. nicht in der Lage sein werden, die menschlichen Sinn- und letzten Lebensfragen zu beantworten. Sie müßten eigentlich ein waches Gespür dafür haben, daß eine ganze Reihe von Konflikten unserer Gesellschaft mit der Nichtbeantwortung der Sinnfrage, etwa in der Gestalt mangelnder Liebeserfahrung, zusammenhängen. Sie müßten sich aus diesen Gründen viel entschiedener mit den Konflikten und Problemen der gegenwärtigen Kultursituation befassen. Das geht aber nur, wenn man die eschatologische Weisung Jesu mit ihrer Zukunftshoffnung auf die kommende Gottesherrschaft ernst nimmt. Eine durch diese Zukunftshoffnung begründete ethische Konzeption hätte in der Gegenwart alle Chancen einer ernsthaften Alternative im Streit der Meinungen. Sie würde zu den Konzeptionen quer stehen, die den Menschen dem Leistungsapparat opfern, oder ihn zu einem bedeutungslosen Moment im Weltprozeß degradieren, die ihn in einen Herrschaftsapparat einzwängen, und darüber hinaus die Grundforderungen jeder humanen Existenz mißachten. Die bedrängende Forderung der Stunde besteht in der Tat darin, die ethischen Konzeptionen des Neuen Testaments neu zu entdecken und sie unter den Bedingungen der gegenwärtigen Kultursituation mit ihrem wissenschaftlichen und gesellschaftlichen Standard in der Konfrontation mit den heutigen Problemen neu zu interpretieren. Dies wäre wahrscheinlich der Heilsdienst, den das Christentum von seinem genuinen Selbstverständnis her der heutigen Gesellschaft schuldig ist.

Anmerkungen

[1] Literatur (in Auswahl): R. Bultmann, Theologie des Neuen Testaments, Tübingen [8]1968; — ders., Jesus, Tübingen 1964; — G. Bornkamm, Jesus von Nazareth, Stuttgart [9]1971; — H. Braun, Spätjüdisch-häretischer und frühchristlicher Radikalismus; Jesus von Nazareth und die essenische Qumrangemeinde, 2 Bde., Tübingen [2]1969; — ders., Jesus, Stuttgart 1969; — E. Neuhäusler, Anspruch und Antwort Gottes, Düsseldorf 1962; — H. Preisker, Das Ethos des Urchristentums, 1949; — R. Schnackenburg, Die sittliche Botschaft des Neuen Testaments, München [2]1962; — ders., Christliche Existenz nach dem Neuen Testament, 2 Bde., München 1969; — W. Schrage, Die konkreten Einzelgebote in der paulinischen Paränese, 1961; — H. D. Wendland, Ethik des Neuen Testaments (NTD Ergänzungsband 4) Göttingen 1970; R. Völkl, Christ und Welt nach dem Neuen Testament, 1961; — J. Blank, Schriftauslegung in Theorie und Praxis, München 1969; — ders., Jesus von Nazareth. Geschichte und Relevanz, Freiburg 1972.

[2] Vgl. Bultmann, Jesus 52—113. 115 f.

[3] Zum Begriff des »ethischen Modells« vgl. Blank, Zum Problem »ethischer Normen« im Neuen Testament, in: Schriftauslegung 129 bis 143, 142 f.

[4] K. Koch, Was ist Formgeschichte? Neukirchen 1964; — S. Schulz, Die Stunde der Botschaft. Einführung in die Theologie der vier Evangelisten, Hamburg—Zürich [2]1970; — Blank, Die Heilige Schrift als Predigtanweisung, in: Schriftauslegung 30—88, vgl. vor allem die dort 30 f. Anm. 1 und 2 aufgeführte Literatur.

[5] E. Käsemann, Exegetische Versuche und Besinnungen, I Göttingen [3]1964 / II [2]1965, besonders II: Sätze heiligen Rechts im Neuen Testament 69—81; — Die Anfänge der christlichen Theologie 82—104; — Zum Thema der urchristlichen Apokalyptik 105—130.

[6] S. Schulz, Q — Die Spruchquelle der Evangelisten, Zürich 1972, 33 f. Pointiert 165: »Am Anfang des Urchristentums steht der prophethisch-apokalyptische Enthusiasmus, nicht aber die Verkündigung des historischen Jesus. Nirgends findet in den ältesten Q-Stoffen der kerygmatische Rückgriff auf den Nazarener statt.« Danach bleibt Schulz einem radikal nachösterlich-kerygmatischen Ansatz verhaftet, wonach der Osterglaube die ganze prophetisch-enthusiastische Bewe-

gung ausgelöst haben soll, mit umfangreicher Produktion an Jesus-Worten. Auf Käsemann kann sich Schulz mit diesem Ansatz freilich nur sehr begrenzt berufen, da für Käsemann die Rückfrage nach dem historischen Jesus durchaus im Bereich des Möglichen bleibt, vgl. Versuche I, Das Problem des historischen Jesus 187—213, besonders 206 ff.; — II. Sackgassen im Streit um den historischen Jesus, 31—68: »Darum betone ich mit dem größten Nachdruck, daß Jesus für mich primär der ‚Evangelist' schlechthin war, so wie das vor Ostern gesagt werden kann, und daß mir eine dialektische Verbindung mit dem Gesetzesprediger oder gar die Vorordnung des letzteren unmöglich ist«; vgl. auch ders., Der Ruf der Freiheit, Tübingen [4]1968, »1. War Jesus liberal?« 28—58. — P. Hoffmann, Studien zur Theologie der Logienquelle, Düsseldorf 1972, läßt methodisch ebenfalls die Rückfrage nach dem historischen Jesus offen.

[7] A. Strobel, Kerygma und Apokalyptik, Göttingen 1967; — M. Hengel, Nachfolge und Charisma, Berlin 1968; — Blank, Jesus von Nazareth 84 ff.

[8] Zum Problem der »Theologie der Evangelisten« sind die verschiedenen redaktionsgeschichtlichen Arbeiten zu vergleichen, siehe Anm. 4. Speziell für die mattäische Bergpredigt vgl. M. Dibelius, Die Bergpredigt, in: Botschaft und Geschichte I, 1953, 79—174; — G. Eichholz, Auslegung der Bergpredigt, Neukirchen [2]1970.

[9] So mit Recht Käsemann, Gottesdienst im Alltag der Welt, Versuche II 198—204; — Gottesgerechtigkeit bei Paulus, aaO. 181 bis 193; — Grundsätzliches zur Interpretation von Römer 13, aaO. 181—193; — L. Cerfaux, Le Chrétien dans la théologie paulinienne, 1962; — R. Schnackenburg, Zwischen den Zeiten. Christliche Existenz in dieser Welt nach Paulus, in: Christliche Existenz II 9—32; — Christliche Freiheit nach Paulus, aaO. 33—50; — Die »Mündigkeit« des Christen nach Paulus, aaO. 51—69; — Sittliche Botschaft §§ 27—31. 209—246. — U. Wilckens, Was heißt bei Paulus: »Aus Werken des Gesetzes wird niemand gerecht?« 51—78 / Blank: Warum sagt Paulus: »Aus Werken des Gesetzes wird niemand gerecht?« 79—96, in: (EKK 1) Neukirchen—Köln 1969.

[10] Vgl. O. Dibelius — H. Greeven, Handbuch zum Neuen Testament 12, An die Kolosser, Epheser, An Philemon, Tübingen [3]1953, Exkurs »Haustafeln«, 48 ff.

[11] F. Mussner, Der Jakobusbrief (HThK XIII/1) Freiburg [2]1967, 47 ff; »Das Frömmigkeitsideal des Briefes berührt sich in vieler Hinsicht mit dem der Gemeinde des Matthäus« 52.

[12] G. von Rad, Weisheit in Israel, Neukirchen 1970.

[13] J. Maier, Geschichte der jüdischen Religion, Berlin—New York 1972, 20 f.

[14] AaO. 22.

[15] Vgl. M. Hengel, Judentum und Hellenismus, Tübingen 1969, 307 ff.

[16] Vgl. Maier, aaO. 25; — D. Rössler, Gesetz und Geschichte, 1960; der zwar die heilsgeschichtliche Rolle der Tora in der Apokalyptik richtig sieht, aber die Bedeutung der Tora-Praxis sehr unterschätzt.

[17] Dazu jetzt die Darstellung von Maier, aaO. 66 ff, mit ausführlichen Literaturangaben.

[18] P. Ricoeur, Symbolik des Bösen. Phänomenologie der Schuld II, Freiburg 1971, 137—173.

[19] AaO. 145.

[20] AaO. 143.

[21] Vgl. dazu Blank, Jesus von Nazareth 94 ff. — K. Müller, Jesu Naherwartung und die Anfänge der Kirche, in: Die Aktion Jesu und die Re-Aktion der Kirche, Würzburg 1972, 9—30. — Zur Gesamtproblematik R. Schnackenburg, Gottes Herrschaft und Reich, Freiburg [4]1965.

[22] M. Machoveč, Jesus für Atheisten, Stuttgart 1972, 96.

[23] Zum Problem der Seligpreisungen W. Trilling, Christusverkündigung in den synoptischen Evangelien, München 1969, 64—85, wo die form- und traditionsgeschichtliche Problematik ausführlich dargestellt wird. Die Seligpreisungen gehen auf einen gemeinsamen Grundbestand, der in Q vorlag, zurück, wurden dann aber erweitert. »Diese Worte Jesu stehen in der apokalyptischen Grundausrichtung, das endzeitliche Heil Gottes erfahren zu dürfen und zugesprochen zu bekommen ... Jesus stellte das Heil nicht als Wunsch oder Bitte für eine ferne Zukunft in Aussicht, sondern er spricht es jetzt in der Gegenwart und ganz bestimmten Menschen wirksam zu« 77.

[24] K. Schubert, Die Entwicklung der eschatologischen Naherwartung im Frühjudentum, in: Vom Messias zum Christus, Wien 1964, 1—54.

[25] Machoveč, Jesus für Atheisten 108. Er meint wohl mit Recht: »Es ist interessant und unserer Meinung nach keineswegs nur paradox, daß gerade dafür — und ohne das ist das Wesen der Botschaft Jesu nicht zu begreifen — in einer gewissen Beziehung mancher heutige Marxist mehr Verständnis aufbringen kann als viele Christen der Gegenwart, für die die sehnsüchtige Erwartung der Zukunft ein vielfach ganz fremdes Phänomen ist«.

[26] H. Gollwitzer, Die Revolution des Reiches Gottes und die Gesellschaft, IV, 12, in: Die Funktion der Theologie in Kirche und Gesellschaft, 1969, 129—155. 135 ff.

[27] Der Begriff *χάρις* findet sich nicht bei Markus und Mattäus, sondern erst bei Lukas; gehört also zur lukanischen Theologie.

[28] Vgl. Braun, Radikalismus II 33. 34 ff. Braun sieht freilich auch die andere Seite: »Bekehrung als Anerkennung der verschärften Tora und als Anerkennung des totalen Angewiesenseins auf Gott: beide Fassungen begegnen in der Jesustradition« 37. Aber er trägt doch nicht genügend der Tatsache Rechnung, daß die Weisung Jesu

eschatologisch, durch die Nähe des Heiles, begründet ist und aus diesem Grunde nicht mehr im traditionellen Toragehorsam aufgeht.

[29] K. Thieme, Biblische Religion heute, Heidelberg 1960: »Hier kann nicht verschwiegen werden, daß, wenn es irgend etwas gibt, was dem neutestamentlichen ‚Pharisäer' gleicht, dies der neuzeitliche ‚Fromme' ist, der (katholische oder nicht katholische) Ausgesonderte, der sein und der Seinen Leben genau nach Gottes Weisung zu führen sucht, dem man es meist auch äußerlich ansieht, daß dies der Fall ist (Am Gottesdienstbesuch, an Einzelheiten der Tracht, oft an der Miene; vgl. Mt 6,16)« 110 f.

[30] D. Sölle, Phantasie und Gehorsam, Berlin—Stuttgart [4]1970.

[31] Zum Begriff der »Umkehr«: H. Wolff, Das Thema »Umkehr« in der alttestamentlichen Prophetie, in: Gesammelte Studien zum Alten Testament, München 1964, 130—150; — J. Blank, Das Evangelium als Garantie der Freiheit, Würzburg 1970, 27 ff.

[32] W. Siebel, Freiheit und Herrschaftsstruktur in der Kirche, Berlin 1971, 57, interpretiert diesen Text so: »Wird damit die Herrschaft verworfen? Wohl kaum, sicher aber die selbstsüchtige, ungerechte Herrschaft. Wird damit die Würde als eine andere Art des Herrschens abgelehnt? Wohl kaum. Das Bibelwort gibt sogar Anweisung, wie man ‚Größe' und Vorrang (‚Erster'-Sein) erreicht. Größe und Vorrang müssen aber doch wohl als Würde angesehen werden. Allerdings ist diese Würde primär als individuelle und nicht als Amtswürde verstanden.« — Hier wird der elitäre Herrschaftsbegriff in solch fataler Weise dominant, daß bei der Interpretation genau das Gegenteil dessen herauskommt, was der Text sagt; außerdem zeigt sich ein völliges Unverständnis für die eschatologische Botschaft Jesu. — Richtig dagegen R. Bohne, Das katholische System, Zürich—Einsiedeln—Köln 1972, 9: Die Sache Jesu »meint die *Befreiung* von Schuld gegenüber dem Mitmenschen und dadurch gegenüber Gott; sie meint die *Befreiung von Menschenherrschaft* ... Diese Freiheit hatte Jesus in die Welt gebracht! Er hatte, um auch dies noch sogleich zu sagen, keine Kultkirche gewollt, sondern eine freie Bruderkirche, in der es nicht hierarchisch, sondern anarchisch zugehen sollte: *herrschaftsfrei.*«

[33] Vgl. dazu die Zusammenstellung bei Billerbeck I 900 ff.

[34] Philo, De specialibus legibus (= Über die Einzelgesetze) II, 63. — Auch in den »Testamenten der zwölf Patriarchen« wird das Liebesgebot in der doppelten Fassung mehrfach erwähnt; z. B. Text Issachar 5, 2: »Liebt nur den Herrn und euren Nächsten!« auch 7, 6; Text Dan 5, 3. Man hat diese Stellen öfter auf christliche Interpolation zurückführen wollen, doch scheint dies nicht möglich zu sein. Zum Problem vgl. J. Thomas, Aktuelles im Zeugnis der zwölf Väter, in: Burchard-Jervell-Thomas, Studien zu den Testamenten der Zwölf Patriarchen, Berlin 1969, 62—150, 93 f, bes. Anm. 55.

[35] Neuhäusler, Anspruch 115.

[36] AaO. 116.

[37] AaO. 116.

[38] Vgl. dazu Neuhäusler, aaO. 43 ff, der mit Recht von der »Befreiung vom Gesetz des ἀντί« spricht.

[39] Augustinus, In epistolam Joannis ad Parthos, ed. P. Agaesse (Sourçes Chrétiennes 75) Paris 1961, VIII, 4 ff. 10: »Du liebst in ihm (dem Feind) nicht, was er ist, sondern was du willst, daß er sein möchte. Insofern liebst du, wenn du den Feind liebst, den Bruder. Deshalb ist die vollkommene Liebe die Feindesliebe« (»Non amas in illo quod est, sed quod vis ut sit. Ergo cum inimicum amas, fratrem amas. Qua propter perfecta dilectio, est inimici dilectio.«).

[40] M. Buber, Zwei Glaubensweisen, Zürich 150 (vgl. auch Werke I, Schriften zur Philosophie, München 1962, 651—782; ich zitiere nach der Erstausgabe).

[41] AaO. 67.

[42] AaO. 95. Dazu 96 f: »Über diese Voraussetzung der Nachfolge hinaus, führt keine allgemeine worthafte Bestimmung des Weges mehr, sondern nur noch dieser selbst. Die höchste Anstrengung wird nicht umschrieben, von ihr erfährt man eben in der Nachfolge. In der Nachfolge gelangt man zum wahren Leben im offenbarten Willen Gottes. Jesus spricht aus Sein und Bewußtsein des Menschen, der ‚sich aufgegeben' hat; deshalb kann er diese persönliche Antwort statt einer sachlichen geben.«

[43] J. Hoffmann, Praktizierende Katholiken zwischen Kirche und Gesellschaft. Ein Beitrag zu Problemen der Moralverkündigung, Düsseldorf 1973, 15.

[44] Vgl. Blank, Schriftauslegung 57 ff.

HEIDE LANG

Kritik des unkritischen Gehorsams

Ein psychologischer Beitrag

»Gehorsam«, wie immer er auch näher definiert sein mag, stellt bis heute ein wesentliches Element in jedem Erziehungsprozeß dar. Nicht nur in der Bundeswehr glaubt man, nicht ohne das Pendant von »Befehl und Gehorsam« als Struktur militärischer Führung auskommen zu können, auch in alltäglichen Erziehungssituationen, sei es im Elternhaus, in der Schule oder im Kindergarten, fast überall wird Gehorsam als Erziehungsnotwendigkeit postuliert und praktiziert. Erst durch die Diskussion über eine Theorie und Praxis »antiautoritärer« Erziehungsmodelle kam die Reflexion über den Gehorsam, über Erziehung im und zum Gehorsam und ihre Folgen für die Entwicklung der menschlichen Persönlichkeit stärker in den Blickpunkt psychologischen und pädagogischen Interesses, obwohl die Problematik an sich längst zum Forschungsgegenstand verschiedener psychologischer Richtungen — vor allem psychoanalytischer und neopsychoanalytischer Herkunft — geworden war.

Bemerkungen zu einer »Kritik des unkritischen Gehorsams« müssen zunächst nach dem *Ziel* von Sozialisations- und Enkulturationsprozessen in unserer Gesellschaft für den einzelnen fragen. Kann eine Erziehung, die zum Gehorsam führt und gleichzeitig auf ihm basiert, diesem Ziel entsprechen? Kann sie zu diesem Ziel führen? Ohne auf die Diskussion um Erziehungsziele an dieser Stelle näher eingehen zu wollen, soll hier als Ausgangspunkt der weiteren Überlegungen festgehalten werden, daß wir als Erziehungsziel den entscheidungsfähigen und entscheidungswilligen, angst- und aggressionsfreien Menschen ansehen. Damit sind aber auch die Kriterien für eine Kritik des — kritischen oder unkritischen — Gehorsams genannt: Inwieweit führt Gehorsam und Gehorsamserziehung zur Selbstverantwortlichkeit und Entscheidungsfähigkeit, inwieweit verhindert man Angst und ermöglicht Aggressionsfreiheit?

Es muß natürlich schon hier festgestellt werden, daß die Überlegungen sich mit zwei Einwänden auseinandersetzen müssen, die meist für den Gehorsam als Erziehungsprinzip angeführt werden: Der eine Einwand geht auf die in bestimmten Phasen der kindlichen Entwicklung notwendige Gehorsamsforderung aufgrund mangelnder Einsichtsfähigkeit hinaus, der andere besagt, daß Gehorsam in jedem Gemeinwesen, in jedem Sozialgefüge ein notwendiger Ordnungsfaktor sei, der das Verhältnis des einzelnen zur Gemeinschaft und der einzelnen Mitglieder untereinander zu regeln habe. Zu diesem Problem kann in diesem Beitrag nicht Stellung genommen werden. Hier spielt es insoweit eine Rolle, als auch gesellschaftliche Ordnungsstrukturen auf ihre persönlichkeitsbildende Wirkung hin untersucht werden müssen.

In den folgenden Überlegungen soll zunächst der Begriff »Gehorsam« genauer umschrieben und die Möglichkeit eines »kritischen« Gehorsams untersucht werden. In einem zweiten Abschnitt geht es um die psychologischen Folgen einer auf Gehorsam basierenden Erziehung für die Einzelperson. Der dritte Teil zeigt Möglichkeiten und Bedingungen einer »Erziehung zum Ungehorsam« auf.

Kritischer Gehorsam oder Handeln aus Einsicht?

Im alltäglichen Sprachgebrauch bedeutet Gehorsam Verzicht auf den Gebrauch des eigenen Willens und Unterwerfung dieses Willens und des daraus folgenden Handelns unter das Wollen einer außerhalb der handelnden Person stehenden Größe. Verzicht auf den eigenen Willen kann dabei in zweierlei Weise verstanden werden: einmal als Verzicht auf die Artikulation des eigenen Willens in einem bestimmten Fall, zum zweiten als Verzicht auf ein Handeln entsprechend dem eigenen, diesmal artikulierten Wollen. In jedem Fall bedeutet Gehorsam hier »fremdbestimmtes« Handeln; nicht das eigene Bedürfnis ist Antrieb des Verhaltens, sondern ein Anspruch von außen, auch wenn er »internalisiert«, also in das eigene Wert- und Normensystem übernommen ist. Eine eigene Entscheidung kommt dabei nur insofern ins Spiel, als sie einen Verzicht auf den eigenen Freiheitsraum beinhaltet, der bewußt gemacht worden ist.

Kann bei diesem Tatbestand die Alternative »kritisch« oder »unkritisch« auf den Begriff Gehorsam überhaupt angewendet werden? Ist nicht jeder Gehorsam unkritisch im Sinne eines Verzichtes auf das eigene Denken und Urteilen? Die Polarität muß wohl in einem anderen Feld gesucht werden. Als »kritisch« kann ein Denken, Handeln oder Verhalten bezeichnet werden, das auf Grund eigener Einsicht geschieht, das Produkt der eigenen Rationalität ist. »Unkritisch« bedeutet das Fehlen der eigenen Einsicht und den Verzicht auf die eigene Urteils- und Denkmöglichkeit. Wendet man diese Unterscheidung von kritisch und unkritisch an, so kann die Schlußfolgerung nur lauten: Für einen unkritischen Gehorsam gibt es keinen Platz, er wäre ein Widerspruch in sich. Gehorsam als Verzicht auf eigene Einsicht, dessen Folge ein fremdbestimmtes Handeln ist, und kritisches Verhalten, das zu einem selbstverantwortlichen Handeln führt, widersprechen einander.

Mit der Rede vom »kritischen« Gehorsam muß daher etwas anderes gemeint sein, das die Bezeichnung Gehorsam eigentlich nicht verdient. Es kann nicht um den Verzicht der eigenen Denk- und Urteilsmöglichkeit gehen, nicht um das Fehlen von Einsicht, dessen Folge ein fremdbestimmtes Handeln ist, sondern nur um den Zeitpunkt, an dem innerhalb eines Verhaltensablaufes der Gebrauch der eigenen Rationalität sich in einem Urteil, in einem Willensentscheid ausdrückt, der zur Grundlage des weiteren Verhaltens wird.

Dieser Gedanke bedarf der weiteren Erläuterung: Jedes Verhalten beruht auf Sozialisationseinflüssen, entsteht in der Auseinandersetzung mit Autoritäten, mögen diese nun bestimmende Personen, allgemeine, gesellschaftliche oder individuelle Normen oder traditionelle Werte sein. Innerhalb dieser Auseinandersetzung fallen Entscheidungen für oder gegen Personen und Institutionen, für oder gegen bestimmte Werte und Normen. Spricht man von kritischem Gehorsam, so kann nun nur noch gemeint sein, daß eine einmal in diesem Sozialisationsprozeß als maßgeblich anerkannte Autorität Grundlage einer Kette von Einzelentscheidungen sein kann, die dieser Akzeptierung nachfolgen. Dies geschieht zum Beispiel, wenn jemand die Institution Kirche aufgrund seiner Einsicht und unter Gebrauch seiner Denk- und Urteilsfähigkeit als Autorität akzeptiert hat. Der Betreffende wird sich den einzelnen Normen dieser Institution unterwerfen, ohne damit den prinzipiellen Verzicht auf die eigene Einsicht leisten zu wollen. Kritischer Gehorsam bedeutet also nicht grundsätzlich »antiautoritäres« Verhalten, sondern den konkreten Verzicht auf die *aktuelle* Auseinandersetzung mit einer Autorität in einem bestimmten Fall, weil diese Autorität grundsätzlich als notwendig und kompetent eingesehen wurde. Damit wurde sie rational akzeptiert. Kritik schließt also den konkreten Gehorsamsakt — wenn man ihn weiterhin so nennen will — nicht aus, insofern es die Einsicht in ein momentan für den einzelnen uneinsichtiges, aber notwendiges Verhalten geben kann. Aber eben gerade dieses Verhalten ist kein Gehorsam, denn es bedeutet durchaus ein eigenes Wollen, wenn Kritik geübt wird und eine Entscheidung getroffen wird bei der Auswahl der Person oder Institution, der dann später Folge geleistet wird. Von Gehorsam kann auch deshalb nicht gesprochen werden, weil selbst ein punktuelles autoritätsbezogenes Verhalten Ausgangspunkt einer weiteren Reflexion sein kann, wobei die Autorität selbst, auf die das Handeln gründet, immer wieder in Frage gestellt wird. Die dauernde Überprüfung des tatsächlichen »Besserwissens«, der Kompetenz oder der Verläßlichkeit der Autorität ist wiederum Handeln in Einsicht.

Die Alternative kann daher nicht lauten: »kritischer oder unkritischer Gehorsam«, sondern sie muß zwischen Gehorsam und Einsicht beziehungsweise Rationalität gesehen werden. Kritik des unkritischen Gehorsams bedeutet daher Kritik des Gehorsams schlechthin. Eine Erziehung, die Gehorsam zum Ziel hat, kann daher auch nie gleichzeitig den einsichtsfähigen, selbst entscheidenden Menschen zum Ziel haben. »Ungehorsames« Verhalten hat seinen unverzichtbaren Wert als Handeln aus Einsicht. Dabei kann von der Einsicht vor jedem Verhalten Gebrauch gemacht werden. Oder es wird auf den aktuellen Gebrauch verzichtet in einer — allerdings jederzeit revidierbaren — Entscheidung für eine Autorität, die dann das eigene Verhalten über kürzere oder längere Zeit hinweg bestimmt.

Für die Erziehung bedeutet das im Wissensbereich (kognitiv) eine Erziehung zum umfassenden Gebrauch aller Erkenntnisfunktionen. Hier allerdings scheint auch nicht der entscheidende Streitpunkt einer Erziehung zum Gehorsam oder Ungehorsam zu liegen. Die kognitiven Fähigkeiten stellen vielmehr die Grundlage dar, die nun eigen- oder fremdbestimmt genutzt werden können. Ob jedoch das eine oder das andere der Fall ist, ob größeres Wissen oder Können auch zur eigenen Verantwortlichkeit führt, oder ob einer anderen Instanz ein brauchbares, weil vielseitig verwendbares Werkzeug geliefert wird, das hängt vor allem von Fakten ab, die den emotionalen Bereich prägen. Ist das Individuum frei, das heißt frei von Hemmungen, von Ängsten, von Abhängigkeiten jeder Art, so daß es ihm möglich ist, eine eigene Entscheidung zu treffen, seine Fähigkeiten selbstverantwortlich einzusetzen? Allein diese Frage hat für die Erziehung Bedeutung. Ihre Beantwortung hängt von der

Antwort auf eine weitere Frage ab: Welche Erziehung kann eigentlich zu einem solchen freien Menschen führen? Und auf das Thema bezogen: Kann eine Erziehung zum Gehorsam einen solchen freien Menschen hervorbringen?

Gehorsamserziehung und ihre Auswirkungen für die Persönlichkeitsstruktur eines Menschen

Die meisten Menschen wissen und haben es in ihrem Sozialisationsprozeß erfahren, daß Gehorsam mit Angst zu tun hat. Die Forderung nach Gehorsam ist ja nur dann sinnvoll, wenn die Nichtbefolgung dieser Forderung mit einer Sanktion, einer Bestrafung, die allerdings auch »nur« in der Androhung von Liebesentzug liegen kann, verbunden ist. Angst ist also nicht etwas, was sekundär zum Gehorsam als Erziehungsstil und Erziehungsziel hinzukommt; die Durchführbarkeit dieses Erzieherverhaltens verlangt eine gleichzeitige Erzeugung von subjektiver Angst. Dieser Zusammenhang ist nun näher zu bedenken.

Innerhalb den gesellschaftlichen Gegebenheiten ist jeder Mensch, vor allem aber der im Erziehungs- und Sozialisationsprozeß stehende Mensch gezwungen, auf eigene Bedürfnisse zu verzichten. Das Mittel, ihn zu diesem Verzicht zu bringen — das heißt die Gehorsamsforderung durchsetzbar machen — ist Zwang jeglicher Art, sei es durch Personen, sei es durch Institutionen oder von diesen Größen gesetzten Normen, denen sich alle unterwerfen müssen. In der Regel bleibt auch einem Kind nichts anderes übrig, als sich einem solchen Zwang zu beugen, wenn es drohende Sanktionen vermeiden will. Damit muß es auf eigene Bedürfnisse verzichten, diese Bedürfnisse in der Folge aus seinem Wunschkatalog streichen, »vergessen«. Es muß jenen Vorgang vollziehen, den die Psychoanalyse »Verdrängung« nennt und der in der aktuellen Situation auch tatsächlich einen Entlastungsvorgang darstellt. Es muß also, um die Sanktion zu vermeiden, verzichtet werden. Durch diesen erzwungenen Verzicht entsteht eine mehr oder minder starke »Frustration«, ein durch die Versagung entstandenes Gefühl des Enttäuschtseins, das in der Regel mit Aggression von der frustrierten Person gegen den Verursacher beantwortet wird. Diese Aggression ihrerseits ist aber wiederum von der Gesellschaft sanktioniert; es setzt also ein neuerlicher Verdrängungsprozeß ein; hier ist ein Kreisprozeß entstanden, in dem die beiden Pole: Frustration — Angst und Aggression sich gegenseitig immer mehr steigern, bis der Verdrängungsmechanismus nicht mehr funktionieren kann und es zu einem Ausbruch völlig ungerichteter, heftigster Aggressionen auf einen nichtigen Anlaß hin kommt.

Es gibt nun verschiedene Theorien darüber, wie dieser Kreis vermieden werden kann. Die traditionelle Psychoanalyse und die Neopsychoanalyse bieten Lösungen an: Abreagieren des durch die Sanktionierung entstandenen Aggressionstaues.

Das ist aber unter den gegebenen gesellschaftlichen Verhältnissen eine Utopie. Bedürfnisverzicht muß gefordert werden, Aggressionsabfuhr muß unter Strafandrohung gestellt, sanktioniert werden. Jeder, der in einer Gruppe lebt, muß sich den Normen der Gruppe beugen, will er sich nicht der Gefahr der Sanktionierung, möglicherweise sogar des Ausschlusses aussetzen. Diese Normen sind zunächst funktional, insoweit sie nur in einer Gruppe und einem bestimmten Ziel gelten, und dies auch den Gruppenmitgliedern bewußt ist. Im Lauf der Zeit verlieren die Normen aber ihren auf Funktionen bezogenen, also relativen Charakter; sie werden zu absoluten Normen; denn nur eine absolute Norm ist in der Lage, den Bestand einer Gruppe über die Lebensdauer ihrer Einzelmitglieder hinaus zu gewährleisten.

Ein im Lauf der Zeit verabsolutiertes Normensystem entzieht sich aber weithin der Veränderbarkeit des einzelnen und verschärft so seine Situation im Fall der Nichtbefolgung. Fügt er sich nun nicht den bestehenden Normen, so hat er nicht nur eine Sanktion von seiten der Gruppe zu erwarten, sondern seine Existenz ist bedroht. Solange eine Norm an die Gruppe und die Situation gebunden ist, so kann der einzelne unter mehr oder weniger großem Aufwand für die eigene Person die Gruppe verlassen oder sich in eine Ausweichsituation begeben. Ist aber die Norm eine absolute Norm, also eine für den Menschen schlechthin gültige Norm, so bedeutet das Verneinen der Norm nicht nur den Ausschluß aus einer Gruppe, sondern den Ausschluß vom »Menschlichen« überhaupt. Die Angst vor dem Ausschluß aus der Gruppe wird damit für den auf Gemeinschaft angelegten Menschen zur Existenzangst. Der einzelne steht vor der Wahl: entweder Verzicht auf eigene Wünsche, Übernahme des Risikos der Sanktionierung, falls es nicht gelingt, die entstehenden Aggressionen unter Kontrolle zu halten, damit verbunden eine dauernde Angst, *oder* Ausschluß, der nun Verzicht auf die eigene Existenzgrundlage bedeutet.

Jede Gesellschaft erzieht ihre Mitglieder vom ersten Tag ihres Lebens an zum Verzicht. Dieser im Sozialisationsprozeß gelernte Verzicht bedeutet allerdings keineswegs das Verschwinden der Bedürfnisse. Sie werden lediglich aus dem Bewußten hinaus geschoben, sie bleiben aber wirksam und bestimmen in nun abgewandelter Form — etwa als Angst — noch stärker das Verhalten des Menschen. Zudem bildet der verdrängte Inhalt im Unbewußten — nach psychoanalytischer Lehre — einen Stau, der irgendwann zum Durchbruch des Bedürfnisses führen muß. Der einzelne weiß mehr oder weniger davon, und so entsteht zusätzlich Angst vor dem Nichtfunktionieren des Verdrängungsmechanismus, was auch eines Tages unweigerlich eintreten muß.

Allerdings vermittelt die Gesellschaft während des Erziehungsprozesses einige mögliche Techniken, wie der einzelne mit dieser Angst fertig werden kann.

Strikte Normbefolgung: Normen werden möglichst genau eingehalten; je mehr sich einer an den Buchstaben der Norm hält, desto risikoloser lebt er. Zumindest die Angst vor der ersten Sanktionierung wird damit beseitigt. Zudem bietet ihm die Gesellschaft für den Verzicht eine Ersatzbefriedigung in Form einer Belobigung für das »Opfer«. Je mehr Opfer jemand bringt, je mehr er also um der Norm willen auf eigene Bedürfnisse verzichtet, desto höher klettert er auf der Stufenleiter gesellschaftlichen Ansehens. Diese Befriedigung des Geltungsstrebens wiegt eine ganze Menge anderer, nicht befriedigter Bedürfnisse auf.

Selbstbestrafung für potentielle Normverletzung: Da man nie sicher ist, ob nicht doch irgendwelche Normen verletzt worden sind, bietet sich die Möglichkeit an, die Strafe vorwegzunehmen. Bestraft man sich selbst, so wird der andere — damit auch die Gruppe — daran gehindert, weitere, möglicherweise unangenehmere Strafen zu verhängen. Gleichzeitig zeigt man damit seinen grundsätzlichen Willen zur Normbefolgung, die Verletzung wird zum einmaligen Ereignis, und der Ausschluß aus der Gruppe erscheint daher unmöglich gemacht. Die Folgen der Normverletzung bleiben überschaubar und begrenzbar.

Bestimmung der Norm durch Macht: Wenn man selbst Macht ausübt, kann einem von anderen nichts passieren. Macht wird erlangt durch größtmögliche Identifikation mit dem Mächtigen, hier also mit den Normen. Verschiedene Untersuchungen zeigen, daß diese Technik bereits im Kindergartenalter — zumeist erfolgreich — angewendet wird. Als Führer wird der anerkannt, der sich den herrschenden Gruppenregeln am besten anpaßt. Möglicherweise schreiben ihm die anderen Gruppenmitglieder im Laufe der Zeit eine Art »Expertenrolle« in puncto Normbefolgung und damit Sanktionsvermeidung zu. Damit geben sie ihm die Rolle dessen, den man nachahmen kann, will man selbst möglichst sanktionsfrei bleiben, also eine Führerrolle. Hat er das Ziel »Führung durch Normangepaßtheit« einmal erreicht, so wird er von den anderen mit der Norm identifiziert. Ihn hindert nichts mehr daran, von den anderen einen Gehorsam, der eigentlich der Norm gilt, für sich selbst zu verlangen.

Zudem ist er durch die Führungsposition sicher vor Sanktionen. Er kann sich nun, da er ja selbst die Norm ist, auch Normübertretungen leisten, ja er kann sogar schrittweise normverändernd wirken, weil er keine Macht mehr über sich hat.

Für den ersten der genannten »Typen« geschieht die Angstbewältigung durch ein reines Gehorchen, ohne jede Einsicht in die Notwendigkeit und die Funktionalität einer Norm, damit auch ohne jede kritische Auseinandersetzung mit ihr. Solcher Gehorsam gründet auf einem mechanischen Lernen von Einzelverhaltensweisen, ohne daß damit der Überblick über das gesamte System erreicht wird: Normbefolgung ist erfolgreich, man hat im Augenblick nichts zu befürchten, also wird dieses Verhalten im lerntheoretischen Sinn verstärkt. Ein Verhalten dagegen, das keinen Erfolg in Aussicht hat, wird gehemmt, oder, weil keine positive Reaktion erfolgt, einfach gelöscht. Verhalten ist hier also Verhalten wie das der Ratte im Labyrinth, ferngesteuert. Dabei ist der einzelne aber immer noch in der Gefahr, ein Verhalten zu zeigen, dessen Folgen noch nicht ausprobiert sind, das also bestraft werden könnte. Damit wächst die Abhängigkeit von dem, der einem sagen kann, welches Verhalten welche Folgen haben kann. Wer seine Angstbewältigung in dieser Art sucht, wird folglich zum Werkzeug eines Befehlenden.

Die Komplexität eines Normensystems, das von einzelnen nicht mehr überschaut werden kann, führt überdies zur Angststeigerung. Komplexität eines Systems und individuelle Angst stehen miteinander in einem Bedingungsverhältnis, das dazu führt, daß der einzelne immer abhängiger wird. Immer mächtiger dagegen werden die, die über die Normen einen Überblick haben.

Je nach Persönlichkeitsstruktur, das heißt Sozialisationsgeschichte, kann der — von der Norm beziehungsweise der Institution, die die Norm bestimmt — Manipulierte selbst zum Manipulierenden werden. Die Anpassung an das Normensystem variiert je nach Intelligenz dessen, der sich anpaßt. So kann der einzelne erkennen, daß durch Normidentifikation Macht über die Norm zu erlangen ist. Er unterwirft sich dann zwar den Normen, er unterwirft sich auch denjenigen Personen und Institutionen, von denen er glaubt, daß sie eine noch weitgehendere Kenntnis des Systems hätten, die damit also auch noch die Möglichkeit haben, ihm mit Sanktionen zu drohen, er beherrscht aber alle diejenigen, die auf Grund der Komplexität des Systems und mangelnder Intelligenz auf »blinden« Gehorsam angewiesen sind.

Für den allerdings, der sich bis an die Spitze der Normhierarchie hinaufgearbeitet hat, sind Manipulierter auf der untersten Stufe und Manipulierender auf allen Zwischenstufen willkommenes Material, da sie ihm helfen, die Illusionen absolut geltender Normen aufrechtzuerhalten, weil für jeden damit das Funktionieren seiner jeweiligen Technik gewährleistet ist. Bewältigt der erste seine Angst durch Gehorchen, der zweite durch Gehorchen nach oben und Treten nach unten (hier hat man ja keine Sanktionen zu befürchten und kann die eigene Frustration dadurch abreagieren, daß man vom anderen gleichen Verzicht fordert), so geht es beim dritten Typ nicht mehr um Angstbewältigung, sondern er ist der einzige, der in der Lage ist, Aggressionsangst fast ganz zu beseitigen. Seine Angst ist nicht mehr die Angst vor Sanktionierung, sondern vor dem Verlust der Macht. Diese ist aber solange nicht von Bedeutung, solange er das Normsystem fest in der Hand hält. Die Erhaltung absoluter Normen und die Rechtfertigung dieser absoluten Normen bleibt daher für ihn die beherrschende Aufgabe. Jeder, der am Normensystem zweifelt, wird dann aber zur Bedrohung und mit allen Machtmitteln des Apparates der Herrschenden unterdrückt. Diese Unterdrückung steigert sich mit dem Grad, in dem sich der Herrschende bedroht fühlt, also mit dem Grad seiner Angst.

Das System absoluter oder sich verabsolutierender Normen steht damit in unmittelbarem Zusammenhang mit dem Herrschaftssystem einer Gesellschaft; es wird durch dieses Herrschaftssystem und dessen Erziehungspraktiken immer wieder weitergegeben, eben weil es lebensnotwendig erscheint. Nun könnte man davon ausgehen, daß gerade die total Manipulierten, die in ihrem blinden Gehorsam doch letztlich nie eine echte Angstverminderung erfahren, einen Ausweg aus dem Zirkel von Angst und Gehorsam suchen und damit die als absolut hingestellten Normen *relativieren,* indem sie ihnen für die Befriedigung bestimmter Bedürfnisse eine Funktion geben. Darauf gründet sich die Hoffnung jeder Revolutionstheorie; damit ist aber auch gleichzeitig die Gefahr des Scheiterns jeder revolutionären Veränderung angezeigt. Denn: Menschen, die ein Leben lang gehorcht haben, aufgrund ihrer Intelligenz und ihrer Ausbildung auch nur gehorchen konnten und darin — wenn auch immer wieder bedroht — eine gewisse Sicherheit gefunden haben, sind nicht mehr in der Lage, andere Daseinstechniken zu entwikkeln. Sie sind vor allem nicht (mehr) in der Lage, die mit einem solchen Prozeß verbundene existentielle Unsicherheit zu ertragen. So wehren sie sich in teilweise aggressiver, ja geradezu zwanghafter Form gegen jede Veränderung und Erneuerung und gegen die Repräsentanten einer solchen Veränderung, gegen die »Jugend«, gegen »die Linken«, »die Studenten« usw., das heißt gegen alle Gruppen, die imstande sind, einen gewissen Grad an emotionaler Unsicherheit und Angst zu ertragen, und die damit in der Lage sind, dieses System absoluter Normen in Frage zu stellen.

Den hier beschriebenen Persönlichkeitstypen, die innerhalb eines geschlossenen Systems absoluter Normen le-

ben, dessen Geschlossenheit sie gerade durch ihr Verhalten bestätigen, ist eines gemeinsam: Wenn sie eine Möglichkeit ihrer Trieb- und Bedürfnisbefriedigung sehen, die gefahrlos ist, so wird diese Möglichkeit in, wenn nötig aggressiver, oft exzessiver Form als Ausgleich für erlittene Frustration, wahrgenommen. Der Unterdrückte wird zum Unterdrücker, der Manipulierte zum Manipulierenden, der Selbstaggressive reagiert seine Aggressionen am anderen ab. Sie sind unfähig geworden, nicht in dieser spezifischen Weise einer »Rache« zu reagieren. Will eine Gesellschaft, die durch ihre Sozialisationsbedingungen und Erziehungspraktiken solche Persönlichkeiten geschaffen hat und diese immer wieder reproduziert, nicht das totale Chaos riskieren, so bleibt ihr nichts anderes übrig, als ihr System so lückenlos wie möglich zu machen. Will sie nicht, daß die angestauten Aggressionen eines Tages zu einer Zerstörung des bestehenden Systems führen, so muß sie zur Abreaktion »Sündenböcke« bereit stellen. Ein einheitstiftender Überbau muß geschaffen, und alle Andersdenkenden müssen zur Feindgruppe gestempelt werden, gegen die man ungestraft vorgehen darf.
Die Bilanz dieser, teils tiefenpsychologisch, teils lerntheoretisch beziehungsweise sozialpsychologisch fundierten Überlegungen ist zunächst entmutigend. Sie läßt sich folgendermaßen zusammenfassen:

1. Gehorsam steht in unmittelbarem Zusammenhang mit Triebverzicht, dessen Nichteinhaltung mit Sanktionen bedroht wird.
2. Jeder, der in einer Gemeinschaft, Gruppe oder Gesellschaft lebt, muß auf bestimmte Bedürfnisse verzichten.
3. Dieser Verzicht kann auf verschiedene Art und Weise geschehen:
   als Triebverdrängung, die auf die Forderung einer Person oder Institution hin geschieht, die Repräsentanten einer als absolut hingestellten Norm sind;

als Triebverzicht aus Einsicht in die gesellschaftlichen Notwendigkeiten.

4. Die erste Form des Triebverzichts ist immer mit Angst verbunden. Die Angstvermeidung geschieht wiederum mit verschiedenen Techniken, die ihrerseits das System nur stabilisieren.

Wo soll nun in einem solchen, sich selbst reproduzierenden System des Gehorchens, der Angst und der nichterlaubten Aggression der Ansatzpunkt sein für eine Erziehung, die den angst- und aggressionsfreien, den selbstverantwortlichen Menschen zum Ziel hat, der anstelle eines normativen zu einem rationalen Verhalten fähig ist? Letzten Endes kann eine solche Erziehung nur ansetzen bei den »Fehlprodukten« der sich nicht perfekt reproduzierenden Gesellschaft, bei jenen Menschen also, die dem Anpassungszwang nicht unterliegen, die die Fähigkeit haben, aufgrund ihrer eigenen Sicherheit sich gegen gesellschaftliche Normzwänge zu stellen, und die damit in der Lage sind, die geforderte Lücke im Kreislauf zwischen Norm — Normverfehlung — Angst — Aggression — Strafe — Unsicherheit und Gehorsam aufzureißen.

Gibt es über diesen mehr oder weniger zufälligen Ansatzpunkt, den das System nicht bewußt, beabsichtigt hervorbringt, sondern den es allenfalls zuläßt, zulassen muß, gibt es darüber hinaus eine Erziehungstrategie, die in der Lage ist, aus allen Menschen solche »Fehlprodukte« zu machen, und die trotzdem zu Sozietät und gemeinsamem Handeln führen kann?

Oder handelt es sich hierbei um die Utopie einer »heilen Welt«, die aufgrund des menschlichen So-und-nichtanders-Seins nicht möglich ist?

Möglichkeiten einer angstfreien Erziehung: Erziehung zur Einsicht

Spätestens seit Sigmund Freud wissen wir, daß eine Erziehung ohne ein gewisses Quantum an Triebunterdrückung nicht möglich ist. Alle traditionellen Erziehungsstile und -systeme bauen auf diesem Grundsatz auf, allerdings mit den Folgen, die eben skizziert und beschrieben worden sind. Denn die — richtige — Erkenntnis, daß Erziehung ohne Triebverzicht nicht möglich ist, wurde mit der dogmatischen Annahme verbunden, daß dieser Triebverzicht nicht nur im Extrem-, sondern im Regelfall nur durch Sanktionen, Angst und Gehorsam möglich sei. Aber spätestens seit Freud sollten wir auch wissen, daß Triebverzicht nicht zur neurotischen Persönlichkeit führen *muß*. Denn die Ursache der Neurotisierung, die mit jeder Form von angepaßtem Verhalten verbunden ist, liegt nicht unbedingt im Triebverzicht selbst, sondern in der Befürchtung des Liebesverlustes, der bei nicht gelungenem Verzicht eintreten würde. Das heißt: Neurotisierung tritt ein aus Angst vor Selbstisolierung, vor »Einsamkeit«, aus Angst vor Kommunikationsverlust in einer ihre Triebe unterdrückenden, in einer repressiven Gesellschaft. Es liegt daher nahe, ja es ist notwendig, eine Erziehungsstrategie zu suchen, die zwar nicht auf Bedürfnisunterdrückung verzichtet, sondern durch Einsicht dazu befähigt, aber den nicht gelingenden Bedürfnisverzicht *nicht* durch angedrohten und tatsächlichen Zuwendungs- und Kommunikationsverlust sanktioniert.

Die Geschichte der Pädagogik kennt eine ganze Reihe von entsprechenden Entwürfen für Erziehungsmodelle und -systeme. Ihnen ist gemeinsam, daß sie an Stelle einer autoritären Normbefolgung ein Höchstmaß an Triebbefriedigung, verbunden mit der Einsicht in notwendigen Triebverzicht, setzen wollen, wobei aber auch und gerade bei Nichtgelingen eine Atmosphäre emotionaler Sicherheit (das heißt Zuwendung) gefordert wird.

Bestimmte Konzepte gehen von einem völligen

Verzicht auf bestimmte Anforderungen innerhalb des Erziehungsprozesses aus. Man glaubte das Funktionieren des Gruppenprozesses den »Selbstregulierungstendenzen« in der Gruppe überlassen zu können, so daß sich die Funktion des Erziehers darauf beschränkt, dem einzelnen und der Gruppe genug Spielraum für diese Entwicklung frei zu halten. Daraus entstand die sogenannte Laisser-faire-Erziehung, die davon ausgeht, daß zunächst jeder das tun und lassen kann, was er will, während sich der notwendige Verzicht in gegenseitiger, nicht-repressiver Auseinandersetzung einspielen solle. Der Prozeß der Normbildung geht nach diesem Konzept Hand in Hand mit der Bildung einer Gruppenstruktur, bzw. mit der Gruppenintegration.

Allerdings folgt auch dieser Prozeß letztlich den Gesetzmäßigkeiten der Gruppendynamik, bis hin zur Bildung und Verfestigung absoluter Normen. Der Prozeß der Eingliederung wird nicht jeweils aktuell vollzogen, sondern geschieht im Verlauf der Sozialisation innerhalb einer Kleinstgruppe, in der dann ja noch keine solchen Normen bestehen. Nach diesem Erziehungskonzept geschehen Normerwerb und Normbefolgung aus der Einsicht in die Berechtigung der Ansprüche anderer und aus der Notwendigkeit, sich mit anderen zu arrangieren. Untersuchungen über die Effektivität dieses Erziehungsstiles haben die in ihn gesetzten Erwartungen nicht bestätigen können. Man stellte fest, daß innerhalb einer Gruppe, in der die Instanz einer »fordernden Führung« fehlt und Erziehung in der Schaffung eines Freiraums besteht, Kinder und Jugendliche nicht in der Lage waren, von sich aus ihre jeweiligen Wünsche aufeinander abzustimmen. Es kam zu keiner Selbstregulierungstendenz, weil es auch zu keiner Gruppenbildung kam. Es blieb bei einem Nebeneinander von einzelnen, die jeweils möglichst viel von ihren eigenen Bedürfnissen durchsetzen wollten. Gleichzeitig stellte sich heraus, daß die Angst, die ja eigentlich vermieden werden sollte, in ver-

stärktem Maß auftrat: Grund dafür war das Nichtertragenkönnen der mit der Führerlosigkeit auftretenden Unsicherheit. An diesem Beispiel — dem noch einige andere unter dem Stichwort »antiautoritäre Erziehung« hinzugefügt werden könnten — wird deutlich, daß der Anspruch, der an eine Erziehung gestellt werden kann, zurückgeschraubt werden muß: Es kann nicht um das perfektionierte Gesamtkonzept einer gehorsam- und angstfreien Erziehung gehen, sondern um Elemente einer Erziehungsstrategie, die auf Gehorsam so weit wie möglich verzichten, die Angst mindern, die fähig machen, Angst zu ertragen, und die Einsicht in gesellschaftliche Notwendigkeiten, in Gruppenprozesse und Gruppenverhalten so weit als möglich vermitteln.
Dazu sollen im folgenden einige Bemerkungen gemacht werden.

a) Verzicht auf Gehorsam bedeutet Verzicht auf absolute Normen. Jeder Erziehungsprozeß muß darauf ausgerichtet sein, die Funktionalität von Normen bewußt zu machen: Normen haben in einer bestimmten Situation die Funktion der Erhaltung der Lebensbedingungen und -voraussetzungen der Gruppe und des einzelnen in ihr. Hierin liegt ihre unverzichtbare, wenn auch relative und situationsbedingte Funktion. Der Prozeß der Gruppenentwicklung, die Veränderung der Einzelperson erfordert die Möglichkeit der Veränderung der Normen. Als sicher ist anzunehmen, daß kein Gruppenprozeß, auch — und gerade — der, der die Entfaltung und Selbstverwirklichung des einzelnen zum Ziel hat, ohne Orientierung an Normen auskommen kann. Aber die Befolgung der Normen fordert erst dann ein *gehorsames* Verhalten, wenn von vorneherein darauf verzichtet wurde, die Funktionalität der Normen transparent zu machen und damit Kritik und Veränderung freizusetzen. Diese grundsätzliche Kritik an absoluten Normen bedeutet aber auch Kritik an jeglicher Institution und Ideologie, die einen Begründungszusammenhang für die Absolutheit von Normen bietet und diesen zu einem tragenden Element im Sozialisationsprozeß machen will. Einsichtiges Verhalten, das als Erziehungsziel anzustreben ist, ist normorientiertes, aber nicht normabhängiges Verhalten. Die »fordernde Führung« muß im Sozialisationsprozeß Normen als Voraussetzung und Bedingung jedes Selbstregulierungsprozesses innerhalb einer Gruppe deutlich machen, und vor allem auch praktizieren. Dies geschieht zum Beispiel auch dann, wenn auf die Einhaltung von Normen verzichtet wird, wenn in dem einen oder anderen Fall ein positiv funktionierender, gruppeninterner Selbstregulierungsprozeß vorhanden ist, der die Bedürfnisse aller Individuen optimal befriedigt.

Die Erziehungsinstitutionen dürfen sich nicht mit den Normen total identifizieren und identifizieren lassen, so daß eine Norm nur deshalb ihre Gültigkeit nicht verlieren kann, weil damit dann die Gültigkeit der Autorität der Erziehungsinstitution in Frage gestellt wäre bzw. verloren ginge.

Relativität und Funktionalität der Normen hat in der Erziehungspraxis Folgen für die Sanktionierung von Normverletzungen. Dies führt zum nächsten Punkt.

b) Normverletzung beziehungsweise Bedürfnisbefriedigung dürfen im Erziehungsprozeß nicht mit Liebesentzug oder Kommunikationsverlust bestraft werden. Angst und Aggression entstehen erst da, wo eine Frustration, eine Versagung eintritt. Dies führt von der kognitiven in die emotionale Sphäre. »Bestrafung« in Sozialisationsprozessen geschieht traditionellerweise durch solchen Zuwendungsverlust, in der Grußgruppe durch Kommunikationsverlust. In letzter Konsequenz bedeutet das — wie bereits gesagt — Existenzverlust. Diese Androhung muß nicht immer unmittelbar und manifest sein, sie kann in einer Fülle von Spielarten auftreten, in denen der Bedrohungscharakter nur dem deutlich wird, der davon unmittelbar getroffen ist. Gedankenlose Versagung weiß oft den existenzbedrohenden Charakter für den Betroffenen

nicht richtig einzuschätzen; absichtliche Versagung jedoch baut gerade darauf ein System autoritärer und repressiver Gehorsamserziehung auf.
Die Einhaltung funktionaler Normen kann nur sinnvoll gewährleistet werden, wenn deutlich gemacht wird, daß durch sie die Einhaltung und Wahrnehmung der Interessen aller Betroffenen optimal gegeben ist. Mit anderen Worten: Die emotionale Absicherung der Einhaltung der Normen ist ebenfalls notwendig. Sie geschieht durch das Maß an Befriedigung, das sie für den einzelnen und die Gruppe beinhaltet. Nur in diesem Bereich kann eine »Sanktion« für die Nichteinhaltung von Regeln liegen, nicht in einem willkürlichen Zuwendungsentzug.

c) Aber auch unter den genannten Bedingungen ist ein normorientiertes Verhalten nicht primäres und ausschließliches Erziehungsziel. Unter den gesellschaftlichen Bedingungen wird es immer wieder notwendig sein, Normen zu verletzen und damit potentiell Angst auf sich zu nehmen. Gerade wenn es darum geht, nicht zu gesellschafts- und systemkonformem, sondern zu systemkritischem, veränderndem, überwindendem Verhalten zu erziehen (und das ist nichts anderes als die Erziehung zur mündigen Persönlichkeit!), so müssen auch die entsprechenden Daseinstechniken entwickelt werden, durch die eine Angst ertragen werden kann, ohne daß sie jegliche Handlung beeinträchtigt und hemmt.
Angst kann immer dann ertragen werden, wenn ein Mensch in irgendeiner Instanz Sicherheit, und zwar eine Sicherheit ganz grundlegender Art, hat, wenn es also eine Instanz gibt, die die Notwendigkeit des Daseins dieser Person voll und ohne Einschränkung bejaht. Für eine solche Instanz gibt es drei Möglichkeiten:

eine andere Person
eine Gruppe
und in beiden Fällen als Vermittlung: das eigene Ich, Selbstvertrauen, Ichstärke.

Die Mutter-Kind-Beziehung im weiteren Sinn meint nicht nur ein biologisches Faktum, das heißt die Beziehung zur eigenen Mutter, sondern die Beziehung zu einer immer vorhandenen, die Bedürfnisse des Kindes befriedigenden Person, egal welchen Geschlechtes und welcher Herkunft. Die Mutter-Kind-Beziehung spielt eine wichtige Rolle in der Entwicklung der gesunden Persönlichkeit. Ausgehend von psychoanalytischen Theorien, vor allem aber von Erikson, der glaubt, in dieser Beziehung bilde sich als Lebensgrundstimmung »Urvertrauen« oder »Urmißtrauen«, wurden eine ganze Reihe ethnologischer Untersuchungen gemacht: Man vergleicht Aufzuchttechniken mit dem »Volkscharakter« und glaubt in den Ergebnissen einen Hinweis darauf zu haben, daß etwa das Füttern nach freier Zeitwahl (was ja permanente Anwesenheit der Bezugsperson bedeutet) oder die Bestimmung des Zeitpunktes des Abstillens durch das Kind einen nicht-aggressiven, optimistisch-weltzugewandten und selbstsicheren Charakter bildet. Die Ergebnisse sind aber nicht so eindeutig, wie man zunächst glauben möchte; denn es ist weder klar, was denn eigentlich der »Volkscharakter«, der hier eindeutig hingestellt wird, ist, noch sind die Ergebnisse in sich alle übereinstimmend.

Allerdings weisen auch Längsschnittuntersuchungen amerikanischer und deutscher Herkunft Ergebnisse in ähnlicher Richtung auf, die jedoch auch nicht alle signifikant und eindeutig sind, um eine entsprechende These wirklich absichern zu können. Noch dazu ist es in einigen Untersuchungen nachweisbar, daß auch entgegengesetzte Ergebnisse eintreten können. Gegen einen unmittelbaren und eindeutigen Zusammenhang spricht auch die geschichtliche Erfahrung: Beispielsweise gab es in den USA bereits in den dreißiger Jahren eine Welle einer »antiautoritären« Kindererziehung, die sich etwa nach dem Prinzip des free-demand richtete, sowohl in der Nahrungsaufnahme als auch in der Sauberkeitserziehung. Trotzdem hat es eine amerikanische Beteiligung am Zweiten Weltkrieg gegeben, sind die inneren Unruhen gestiegen und gibt es eine horrende Kriminalität. Aufzuchttechniken allein können daher nicht die Ursache für mangelndes Selbstvertrauen und ungenügende Sicherheit sein.

Einen Hinweis geben die Untersuchungen jedoch: Überall dort, wo bestimmte Techniken in einer Atmosphäre der Geborgenheit und des Angenommenseins, des Geliebtseins, angewendet werden, zeigen sich positive Persönlichkeitsentwicklungen. Das heißt also: Die isolierte Mutter-Kind-Beziehung, bestimmte Aufzuchttechniken gewinnen erst im Zusammenhang mit der gesamten Situation, in der sich das Kind befindet, ihre eigentliche Bedeutung.

Dies läßt sich auch durch Ergebnisse tierpsychologischer Untersuchungen tendentiell belegen: Ein wichtiger systematischer Versuch in diesem Zusammenhang stellt die Reihe von Harlow mit Affenkindern dar: Affenkinder wurden in vier verschiedenen Gruppen aufgezogen. Die erste unter voller Befriedigung der Nahrungsbedürfnisse, jedoch ohne Mutter. Eine zweite erhielt zusätzlich eine Mutterpuppe aus Draht. In der dritten Gruppe fungierte eine mit Lappen umkleidete »weiche und warme« Drahtpuppe als Mutter, und die vierte Gruppe hatte eine echte Mutter. Es zeigte sich, daß die Äffchen ohne Mutter und mit Drahtmutter teilweise überhaupt nicht überlebten, alle aber große Entwicklungsrückstände aufzeigten, etwas gemildert war das Ergebnis bei der Lumpenmutter, während bei der lebendigen Mutter eine normale Entwicklung stattfand. Es scheint also bereits bei Tieren ein Bedürfnis nach Kontakt und Wärme zu bestehen, dessen Befriedigung eine unabdingbare Voraussetzung des Überlebens zu sein scheint und dessen extensive Befriedigung sich positiv auf die Gesamtentwicklung, sowohl im emotionalen als auch im kognitiven Bereich auswirkt. Für den Menschen gilt dies ebenso: Der kleine Mensch reagiert genau wie der kleine Affe, wenn bei ihm das Bedürfnis nach Körperkontakt und nach einer Sphäre des Gesichertseins bei einer Bezugsperson nicht vorhanden ist. Dem Alter und der Entwicklung entsprechend kann diese Geborgenheit nur im unmittelbaren Kontakt gefunden werden. Hier kann, beginnend bei René Spitz, auf viele Untersuchungen im internationalen Bereich verwiesen werden; in der psychologischen und heilpädagogischen Literatur ist dieses Phänomen unter den Namen Hospitalismus sattsam bekannt. So gibt es Untersuchungen, die zeigen, daß Kinder, die bei Mütter aufwachsen, die im Gefängnis sind, die schwachsinnig sind, die sich aber ganz ihren Kindern zuwenden und ganz für sie da sind, geistig wacher und emotional stabiler, zumindest in der Grundausrichtung, aufwachsen, als Kinder, die unter hygienisch einwandfreien Bedingungen und unter Wahrung aller physiologischer Bedürfnisse großgezogen werden, denen jedoch die Bezugsperson fehlt.

Aufgrund dieser und anderer, nicht angeführter Forschungsergebnisse kann zum Zusammenhang zwischen Erziehungsstil und Persönlichkeitsentwicklung gesagt werden, daß das entscheidende Moment die Zuwendung zum Kind und seine Geborgenheit bei einer Mutterperson ist. Daraus leitet sich die Forderung nach dem Vorhandensein einer solchen Person in der Erziehung ab, will man als Ziel den sicheren Menschen haben, der fähig sein soll, Risiken und Unsicherheiten zu ertragen.

In der einschlägigen Forschung stehen nun den genannten Thesen und den daraus gezogenen Konsequenzen auch andere Vorschläge gegenüber: Man meint, daß es nicht auf die Zuwendung einer bestimmten Person ankäme, sondern lediglich auf die gesamte Atmosphäre der Sicherheit und Geborgenheit und daß die emotionalen Bedürfnisse des Kindes auch in der Gruppe der anderen Kinder befriedigt werden könnten. Diese These liegt zum Beispiel der Erziehung im Kibbuz zugrunde. Man geht davon aus, daß die Kinder nicht mehr an die Mutter gebunden sein sollten, und wollte damit auch umgekehrt eine Mutterbindung abschaffen, die im jüdischen Getto die Stärkung des Innenkontaktes, die Einheit der Gruppe und die Bindung an die bestehenden Normen zum Ziel hatte. Das Bild der jüdischen »momme« als Inbegriff der Unfreiheit sollte verschwinden, die Kinder sollten frei sein von dieser Fessel, die unfähig macht, selbstsicher und unabhängig zu leben. Bettelheim beschreibt einen solchen Versuch einer Erziehung in Freiheit durch die Gruppe (er weist allerdings auch ganz deutlich darauf hin, daß die Übertragbarkeit dieser Versuche auf die westliche Gesellschaft zumindest fragwürdig sei). Die Erfahrungen aus dem Kibbuz weisen darauf hin, daß Sicherheit als Persönlichkeitsmerkmal mindestens auf zwei Komponenten beruht: auf der Erfahrung von Sicherheit durch eine anwesende Person, die die grundlegenden physiologischen Bedürfnisse und die primären psychologischen Bedürfnisse erfüllt, und auf der Erfahrung von Gemeinschaft. Erfährt das Kind, daß eine solche Sicherheit von verschiedenen Instanzen gegeben werden kann, also nicht nur von einer Person, so verringert sich auch die Verlustangst. Die direkte Befriedigung sei nun zwar nicht mehr so groß, es wird also mehr Enttäuschung in Kauf genommen, trotzdem bedeute es für das Kind im ganzen weniger Versagung: Letzten Endes zählt nicht ein Faktor für sich allein, sondern nur die Bilanz aus erhaltener Zuwendung. Wird Sicherheit durch die Gruppe gegeben, so ist die Verlustchance entsprechend der Anzahl der Gruppenmitglieder geringer.

Eine allein auf die Gruppe abgestellte Erziehung bringt aber nicht unerhebliche Schwierigkeiten mit sich. Diese Erziehung hebt ganz auf den Sozialisierungseffekt ab; die Ansprüche des einzelnen sollen mit den Ansprüchen der Gruppe identisch werden. Diese Identifikation kann aber in der Regel nur teilweise gelingen. Will ein einzelner seine individuellen Ansprüche zur Geltung bringen — und auch das gehört ja zu einer emotional stabilisierenden Erziehung — so bleibt ihm nur übrig, die Gruppe zu verlassen, ein Leben ohne die Sicherheit der Gruppe zu leben. Es zeigt sich nun, daß Kinder, die von Anfang an nur in der Gruppe gelebt haben, übersozialisiert sind, sie können nicht mehr allein leben, sie sind kaum in der Lage, Ersatzbindungen aufzubauen. Erziehung allein über die Sicherheit, die eine Gruppe geben kann, ist also nur möglich in einem geschlossenen System, in dem es außerhalb der Gruppe nichts gibt.

In der Kombination zwischen der Bindung an die Person, die »Urvertrauen« schafft, und der Erziehung zur Gruppenfähigkeit wird das Ziel der Selbstsicherheit und des Selbstvertrauens in unserer Gesellschaft möglicherweise am besten erreichbar. Diese Erziehung zielt dann darauf ab, sich ohne Angst von Bezugspersonen trennen, sich aber auch ohne Angst gegen eine Gruppe stellen zu können, sich gegenüber einem von diesen Instanzen geforderten Normkonzept mit entsprechenden Wünschen und Vorstellungen abzusetzen, ohne dabei die gesellschaftliche Notwendigkeit aus dem Auge zu verlieren.

Eine solche Erziehung kann nicht mit Gehorsam arbeiten. Der erste Schritt zur Änderung besteht also nicht so sehr in einer Änderung der Erziehungspraxis, sondern vor allem in der Neubestimmung des Erziehungszieles. Kritischer Gehorsam, um noch einmal diesen Begriff zu gebrauchen, kann nur Handeln aus eigener Einsicht gegenüber der Notwendigkeit einer bestehenden Norm sein; ein Handeln allerdings, das begründet wird in der Rationalität und Funktionalität der Norm, ein Handeln, das relativ wird mit der Relativität der Situation des einzelnen und der Gruppe.

Die grundsätzliche Frage, die abschließend noch einmal verdeutlicht werden soll, lautet nicht: Wie kann ich angstfrei erziehen? Sondern: Wie können die Voraussetzungen geschaffen werden, daß ein Mensch mit relativen Normen leben kann, und wie kann ich selbst — als Erzieher — ein solches Konzept zum Leitfaden meiner Erziehung machen und damit zum Leitfaden einer künftigen Gesellschaftsordnung.

Ist man allerdings vom Vorhandensein eines von menschlichen Bedürfnissen unabhängigen, unüberprüfbaren Normensystems überzeugt, so bleibt nichts anderes übrig, als Angst und Aggression dem Menschen »naturnotwendig«

zuzurechnen und damit zur Unterdrückung des aus Angst und Aggression entstehenden Verhaltens Gehorsam, und damit immer unkritischen, absoluten Gehorsam, zum unaufgebbaren Erziehungsziel, zum Erziehungsstil und zur Methode zu machen.

Literaturhinweise

T. W. Adorno u. a., Die autoritäre Persönlichkeit (Moderne Psychologische Forschung 3) Weinheim 1971.

Berliner Kinderläden, Hamburg 1970.

Bruno Bettelheim, Die Kinder der Zukunft, Wien 1971.

Entwicklungspsychologie, hrsg. von Hans Thomae (Handbuch der Psychologie 3) Göttingen [2]1972.

Klaus Foppa, Lernen, Gedächtnis, Verhalten, Hamburg 1965.

Erich Fromm, Furcht vor der Freiheit, Frankfurt [2]1968.

Peter Hofstätter, Gruppendynamik (rororo rde 38) Reinbek bei Hamburg.

A. S. Neill, Theorie und Praxis einer antiautoritären Erziehung (rororo) Reinbek bei Hamburg 1969.

Persönlichkeitsforschung und Persönlichkeitstheorie, hrsg. von Philipp Lersch/Hans Thomae (Handbuch der Psychologie 4) Göttingen [2]1968.

Secord and Backman, Social Psychology, Mc Graw Hill 1964.

und den Willen Gottes bevollmächtigt zu vertreten. Jede menschliche Autorität ist in doppelter Weise an die Autorität Gottes gebunden:
Menschen repräsentieren die Autorität Gottes. Sein Wille kommt nicht anders als durch menschliches Wort an unser Ohr. Selbst die innerste Instanz des Menschen, sein Gewissen, ist keine Direktverbindung mit Gott, vorbei am Menschen. Es ist in seinem Wertmaßstab und seiner Urteilskraft geformt durch menschliche Erziehung und Beeinflussung. Der Christ weiß schließlich, daß Gott durch das menschliche Wort Jesu Christi uns anspricht und durch ihn seine Herrschaft unter uns aufrichtet. Nach biblischem Zeugnis beauftragt er selbst Menschen, in seiner Vollmacht das Wort Gottes weiterzusagen. Das ist die eine Seite.
Die andere Seite kann aber davon niemals getrennt werden: Alle menschliche Autorität wird durch die Autorität Gottes relativiert. Dort, wo Gott ernst genommen wird, ist jegliche menschliche Macht von vornherein in Frage gestellt, nämlich in die Frage, ob der, welcher mir Gehorsam abverlangt, selbst Gott gegenüber Gehorsam leistet. Wenn Gott der Herr ist, dann kann kein Mensch mehr selbstherrlich und willkürlich Autorität ausüben. Er kann nur noch die Autorität Gottes zur Sprache bringen. Das war gemeint mit der mittelalterlichen Redewendung »Kaiser von Gottes Gnaden«. Vollmacht ist geliehen und muß verantwortet werden.

Der Glaube an Gott rechtfertigt oder sichert somit in keiner Weise die Willkürherrschaft von Menschen über Menschen, sondern entzieht solchen Herrschaftssystemen das Fundament. Der Auftrag der Propheten im Alten Bund ist hierfür ein deutliches Zeichen. Israels Könige wissen sich beauftragt von ihrem Gott. Die Propheten aber sind ihre ständigen Kritiker, die ihr Tun und Lassen messen an dem Auftrag Gottes. Und wenn sie davon abirren, greifen sie diese Autoritäten unerbittlich an mit der kritischen Kraft des Wortes Gottes. Aus demselben Grund weigerten sich die Christen des zweiten und dritten Jahrhunderts, dem Kaiser von Rom den Weihrauch zu

streuen und ihn als totalen Herrscher mit göttlichem Nimbus anzuerkennen. Durch ihren Widerstand zwangen sie dieses System in die Knie.
Diese kritische Funktion des Gottesglaubens ist in der Kirche nie ganz erloschen. Wenn heute auch am Papst Kritik geübt wird, so ist das gar nichts Neues. Im Mittelalter, zu einer Zeit also, da das Papsttum auf der Höhe seiner Macht stand, traten immer wieder gläubige Menschen entschieden als Kritiker der Päpste auf, Menschen, die heute als Heilige verehrt werden: So etwa Bernhard von Clairvaux und die heilige Katharina von Siena. Damit ist jedoch nicht gesagt, daß jeder, der sich der kirchlichen Autorität gegenüber kritisch gebärdet, unbedingt ein Prophet oder ein Heiliger sei!
Wer an Gott glaubt, der weiß, daß er Gott mehr gehorchen muß als Menschen, und ist damit fähig, Gehorsam auch zu verweigern.

Gott — ein Beruhigungsmittel

Damit sind wir auch dem Vorwurf von Marx und Lenin auf der Spur: Gott sei ein Mittel der jeweils herrschenden Schicht, ein Beruhigungs- und Betäubungsmittel, das den Unterdrückten verabreicht wird. Opium für das Volk, das ihm ein besseres Jenseits vorgaukelt und das Elend des Diesseits vergessen läßt! Religion als ein raffiniertes Ventil, mit dem der revolutionäre Dampf abgelassen wird, damit es nicht zur heilsamen Explosion kommt. Statt um sein Recht zu kämpfen, faltet der so Betrogene die Hände. Mit diesem süßen Gift der Religion gelingt es den Herrschenden, die gesellschaftlichen Verhältnisse aufrecht zu erhalten: Sie selbst bleiben oben und die anderen unten. Solche klassenkämpferischen Parolen riechen nach Mottenpulver; sie werden aber heute neu aufgebügelt und auf den Markt gebracht. Man sagt es etwas moderner: Gott steht dem Fortschritt im Weg! Die restaurativen Kräfte benützen Gott als Hüter der Tradition, als Bremser auf der Fahrt in die Freiheit.

Wieder steht außer Zweifel, daß Gott von manchen Leuten als Kronzeuge für das Bestehende aufgerufen wird. Befrage ich aber den Zeugen, der Gottes Wille für uns Christen verbindlich aussagt, dann spricht dieses keineswegs dafür, daß alles so bleibe, wie es ist. Das erste Wort, das die Evangelien von Jesus überliefern, heißt: »Kehret um! Ändert euch! Das Reich Gottes kommt!« — Das ist der Grundton des Evangeliums: Schaut nach vorne! Es kommt etwas Neues! Ändert euch! Bewegt euch darauf zu! Werfen nicht viele gerade deshalb den Glauben an Gott über Bord, weil sie diesen Aufruf, sich zu ändern, lästig finden. Sie möchten die Alten bleiben. Sie können nicht mehr glauben, daß sich in ihrem Leben und in unserer Welt etwas zum Besseren ändern könnte. Das Evangelium bestätigt weder den Menschen noch die Welt in ihrem jetzigen Zustand. Es proklamiert vielmehr die kühnste Revolution, und das Feuer des Evangeliums brennt und greift um sich, auch dort, wo es unter der Asche der Mittelmäßigkeit am Ersticken war oder zum gemütlichen Kaminfeuer in bürgerlichen Stuben gezähmt wurde. Wer an den Gott Jesu Christi glaubt, der kann nicht mehr Gott für seine Ziele einspannen, sondern der läßt sich selbst einspannen für die Zukunft, die Gott dieser Welt geben will.

Eines der letzten Worte der Bibel heißt: »So spricht Gott: Siehe, ich mache alles neu!« — Auf diese Zusage gründet der Christ seine unverwüstliche Hoffnung und seinen Mut, immer wieder zu beginnen mit sich und mit seiner Welt. Wer seine Hoffnung auf eine bessere Welt nur auf die Kraft des Menschen und seinen guten Willen gründet, der wird über kurz oder lang resigniert feststellen: Es bleibt doch alles beim alten.